U0683910

信息通信业的数字化发展之路

李祖鹏◎著

人民邮电出版社

北　京

图书在版编目（CIP）数据

信息通信业的数字化发展之路 / 李祖鹏著. -- 北京：
人民邮电出版社，2023.4
ISBN 978-7-115-61386-8

Ⅰ．①信… Ⅱ．①李… Ⅲ．①通信技术－信息产业－
数字化－研究－中国 Ⅳ．①F492.3

中国国家版本馆CIP数据核字(2023)第046048号

内 容 提 要

本书共有六章，第一至第五章分别介绍了全球信息通信用户需求导向、技术演变趋势、市场发展方向、资本运营策略、生态系统建设，第六章梳理了中国信息通信业的发展情况，总结了 2008 年以来中国信息通信业的发展成果，并以翔实的数据为基础，分析中国信息通信业下一步发展面临的机遇与挑战，研判未来发展趋势。

本书适合信息通信业从业者阅读，有助于中高层管理人员较全面地了解信息通信业的发展，也可以作为信息与通信工程专业学生的参考资料。

◆ 著　　　　李祖鹏
　　责任编辑　张　迪
　　责任印制　马振武
◆ 人民邮电出版社出版发行　　北京市丰台区成寿寺路 11 号
　　邮编　100164　电子邮件　315@ptpress.com.cn
　　网址　https://www.ptpress.com.cn
　　北京科印技术咨询服务有限公司数码印刷分部印刷
◆ 开本：700×1000　1/16
　　印张：13.25　　　　　　　　2023 年 4 月第 1 版
　　字数：140 千字　　　　　　2024 年 9 月北京第 2 次印刷

定价：69.90 元

读者服务热线：(010)81055493　印装质量热线：(010)81055316
反盗版热线：(010)81055315
广告经营许可证：京东市监广登字 20170147 号

算力时代开启新发展之路

当今社会已进入数字化、智能化时代，信息通信业作为国民经济的基础性、战略性、先导性产业，在推动社会和经济发展中发挥着越来越重要的作用。在数字经济发展的新阶段，业务数字化、技术融合化和数据价值化等加速演进，开启数字经济引领高质量发展的新征程。其中，以算力为核心的数字信息基础设施建设被提到前所未有的高度。与此同时，全球智能化发展及元宇宙产业化加速到来，以算力为核心的科技竞争成为当前大国竞争的战略焦点，把握算力发展的重大战略机遇期就是抢占发展的主动权和制高点，这也是当前国家走向科技自立自强的内在要求之一。

全球信息通信业正努力推进 IT 与 CT、连接与算力深度融合，构筑统一的云网资源和服务能力，形成一体化的供给、运营和服务体系。在此基础上，到 2050 年，算力的发展将长期呈现 3 个趋势，我称之为"算力三定律"：第一定律为时代定律，算力就是生产力，是当前数字经济中最具活力和创新力的新型生产力之一；第二定律为增长定律，即算力每 12 个月增长一倍；第三定律为经济定律，即算力每投入 1 元，将带动 3 ～ 4

元 GDP 的增长。算力多样化、网络化、智能化、绿色化、安全化等发展趋势，正在推动智能化的综合性数字信息基础设施加速演进，为数字经济健康发展提供坚实的底座。

随着数字经济快速发展，元宇宙可能成为数字经济的新形态，将打破现有技术体系下的技术目标，从而引发新一轮技术革命。元宇宙将催生新产业、新业态、新模式，推进数字产业化，重塑实体产业的运行模式和经营形态，形成基于元宇宙的产业新形态，构建虚实融合的经济新形态，并为信息通信业提供更加广阔的发展前景。

在全球信息通信业加快技术、业务转型的关键节点，本书系统地研究了全球信息通信业的发展，总结了全球信息通信业的发展趋势和规律，并对我国信息通信业的发展历程进行了深入的分析和思考。书中涉及对云计算、算力、元宇宙等新技术和新产业的发展的研究和介绍，很多观点值得借鉴。相信本书能够对全社会了解信息通信业的发展历史和现状，对信息通信业业内人士认清行业演变与未来发展趋势，提供有价值的帮助。

李云茂

2023 年 2 月

信息是连接时间的主线

时间改变着一切，时代总在不停进步。在任何一个时间节点上的我们，都不可能完全看清过去和未来，甚至可能不清楚现实存在的价值。这不仅因为时代本身具有局限性，而且因为个人认知具有更大的局限性。

信息可以作为连接时间的主线，带领人们穿越时代的局限，摆脱个人认知的束缚，努力认识过去、看清现在、思考未来。信息不仅赋予了时间、时代存在的意义，还赋予了人类智慧，赋予了社会智能。

进入信息时代，信息浩如烟海，信息熵倍增。怎样分析信息技术的发展趋势，判断信息内容的演进规律，更好地识别信息价值，已经成为信息时代的重要课题。而随着数智时代的来临，该课题对信息通信业将会发生怎样的演变，有哪些可以预测的发展方向，应该采取什么样的发展策略等问题的分析，对数字经济的发展，以及行业和企业的转型具有十分重要的意义。

本书研究并分析了信息通信业的发展历程和趋势，有助于读者了解信息通信业的过去和现在，系统地理解信息通信业发展的规律，看清信息通信业的演变与未来，认清机遇与挑战。

本书用一章的内容专门介绍了我国信息通信业从 3G 突破到 4G 同步，再到 5G 引领的加速发展历程，希望能加深全社会对我国信息通信业努力探索改革创新、业务转型之路，互联网行业积极推动新技术、新业务、新应用创新，共同引领数字经济发展的理解。这些创新实践，值得每一位信息通信业的从业者骄傲和自豪，也激励着我们毫不懈怠地探索前进。

数智时代在发展，信息通信技术在演进，变革会成为每个人记忆中的经典。

李祖鹏

2023 年 2 月

目录
CONTENTS

第一章
用户需求导向

第二章
技术演变趋势

第三章

市场发展方向

第四章

资本运营策略

第五章

生态系统建设

第六章

中国信息通信业发展

第一章

用户需求导向

　　人类社会的发展史，也是一部信息通信发展史。伴随着社会发展，人类不断丰富信息内容，尽可能地利用媒介、渠道和技术，促进信息沟通和共享；同时，人类对通信的需求越来越迫切，这推动着信息通信技术的进步和产品应用的更新。到 20 世纪中后期，信息通信技术加速发展，人们的信息通信需求得到一定程度的满足；到 20 世纪末，互联网技术快速发展，进一步满足了人们的信息通信需求。进入移动互联网时代，在人类信息通信需求获得空前满足的同时，更多个性化需求及全社会生产生活性的信息通信需求被激发，用户需求对经济社会发展的引导作用更加凸显，促进着信息通信业的发展。

1.1　信息需求演变

　　语言和文字一直是重要的信息表达方式。语言是人类对事物的第一次抽象表达，有大约 10 万年的历史，它随着人类发展而不断演进，传递信息的主要功能却一直没有改变。文字是对语言的抽象表达，也是人类对事物的第二次抽象表达，出现在大约 3500 年前，它极大地提升了人类制造和使用信息工具的能力，让信息能够以物理方式存储和积累，丰富了信息内容，也进一步增强了人类获取信息的意识。

　　纸的发明和印刷技术的进步，为文字的繁荣奠定了基础。文字产生以后，纸张作为文字的主要载体被发明；而后出现了活字印刷技术，为文字的标准化、规范化传播打下基础。书籍以印刷技术为基础，一度成为文字传播的主要工具，直到 17 世纪初出现了用印刷机印刷的报纸。

报纸第一次把视觉信息推上媒介的重要位置，它通常被称为第一媒体。报纸作为信息主要载体期间，第一次工业革命和第二次工业革命推动了信息技术的发展。而在第一次工业革命之前，人类发明了现代工业发展最重要的基础能源——电，奠定了现代信息技术的发展。

在发明电的同时，人类产生了利用电力传递信息的想法。1752 年，美国科学家本杰明·富兰克林（Benjamin Franklin）通过著名的"风筝实验"发明了避雷针。1753 年，爱丁堡的《苏格兰人》杂志上发表了一封署名为 C·M. 的来信，信中提出"采用静电的电报机"的构想，这是最早有记载的利用电力传递信息的想法。

但是，直到第二次工业革命——电气革命的前夕，人类才实现用电传递信息。1837 年，美国人塞缪尔·莫尔斯（Samuel Mors）发明了世界上第一台有线电报机，带来了具有划时代意义的新型通信方式；1844 年，他建造了一条连通华盛顿和巴尔的摩的电报线路，在华盛顿国会大厦向 64.37 千米外的巴尔的摩发出了世界上第一份电报，内容是"上帝创造了何等的奇迹"。莫尔斯码成为人类历史上最动听的声音之一。

随后，人类开始尝试用电传递声音。1875 年，贝尔发明了电话，并于 1878 年在相距 340 千米的波士顿和纽约之间成功进行了首次长途电话实验，实现了人类第一次远距离实时传递声音。后来，他成立了著名的贝尔电话公司。

从 19 世纪末到 20 世纪 30 年代，信息通信技术发展步伐明显加快。1896 年，伽利尔摩·马可尼（Guglielmo Marconi）发明了无线电报，帮助人类实现从有线通信到无线通信的再一次飞跃。此后，无线技术得到较快发展。1920 年，美国建立了世界上第一座商业广播电台，带动了广播的发展。广播以收音机为载体，在全球范围内快速普及，广播通常被称为第二媒体。1925 年，英国人约翰·贝尔德发明了电视机。1930 年，世界上开始出现无线电话。

从 20 世纪 20 年代到 50 年代，广播极大地方便了信息的传播。20 世纪 50 年代中后期，电视在发达国家兴起，将视觉和听觉信息整合到一起，能够很方便地为个体提供信息，受到了人们的欢迎，因此很快成为占据主导地位的第三媒体。电视对人类行为的影响程度之大，让之前的任何媒介都无法企及：75 年的时间，电话进入了 50% 的美国家庭；而 1946 年开始在美国销售的电视机，只用了 10 年时间，就进入 86% 的美国家庭。

电视主导媒体信息的传播持续到 20 世纪末，即直到互联网出现。作为互联网第一载体的电子计算机，在 1946 年就已经诞生。只不过此时的计算机主要应用在科研领域。到 20 世纪 80 年代，家庭用个人计算机开始出现，但个人计算机主要用于工作和学习。到 20 世纪 90 年代，个人计算机的视窗操作系统使操作变得更容易。同时，互联网打开了计算机信息交流的通道，而随后兴起的网站建设迅速为互联网提供了海量的信息，让人类的信息通信需求得到极大程度的满足。

20世纪末，一股席卷全球的互联网浪潮，把互联网推为第四媒体。互联网已经超越媒体的概念，成为推动经济社会发展的重要基础设施。从信息产生的角度来看，互联网改变了以往信息的生产方式和内容，第一次让媒体和大众均能够公平、灵活地生产文字、图片、动画、音频、视频等各类信息，让大众真正成为信息的主导者。从信息传播的角度来看，互联网不仅改变了信息传播方式，由媒体广播式的单向传播变成了媒体和大众互动式双向传播，而且能够以极低的传播成本将信息的传播范围扩大到全球媒体和大众，将全世界变为"地球村"，并极大地延长了信息保存时间。此外，互联网还创造了虚拟世界，把原本一维的社会分成二维的现实社会和虚拟社会，如今这两类社会越来越近，呈现相互融合的趋势。因此，从历史的角度来看，我们说互联网对人类的影响前所未有，并不为过。

同时，移动电话与互联网同步发展。1973年，美国摩托罗拉公司研发部主任马丁·库珀（Martin Cooper）使用移动电话与贝尔实验室的研发部主任乔·恩格（Joel Engel）进行了世界上第一次移动通信。1985年，美国摩托罗拉公司生产出第一台现代意义上的移动电话（重量为3千克），被称为"肩背电话"。1987年，诺基亚旗下的摩比拉公司生产出真正能够用手拿着使用的移动电话（重量为760克），连续通话时长可达50分钟。在移动电话发展之初的1G时代，即模拟移动通信时代，人们仅仅把移动电话作为固定电话的补充用品，认为移动电话可以满足在没有固定电话情况下的通话需求。20多年后，移动电话开启了一个属于移动互联网的全新时代。

至此，我们可以简单总结：在人类信息通信需求演变的过程中，有信息内容、媒介工具、传播途径和媒介使用技术4个关键因素。所有的演变都是围绕这4个关键因素展开的。起初，人类逐渐丰富语言、文字、图片等信息内容。接着，人类发明了媒介工具，例如，书籍、报纸、电报机、电话机、传真机等。然后，人类尽可能让信息传播途径更便捷、更广泛，例如，从文字到语音、从有线到无线、从专用到公用，以及各种社交App等。在不断增加媒介工具、拓展信息传播途径的过程中，媒介使用的技术门槛越来越低，也更加方便，例如，人脸识别、指纹识别、手写屏等。全球信息通信主要发展历程如图1-1所示。那么，在数字时代，人们的信息通信需求已经发生了哪些变化，正在发生哪些新变化？我们在后面具体分析。

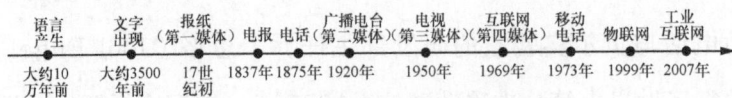

语言产生	文字出现	报纸（第一媒体）	电报	电话	广播电台（第二媒体）	电视（第三媒体）	互联网（第四媒体）	移动电话	物联网	工业互联网
大约10万年前	大约3500年前	17世纪初	1837年	1875年	1920年	1950年	1969年	1973年	1999年	2007年

图1-1　全球信息通信主要发展历程

1.2 移动互联时代的信息传播特征

1963年，日本学者梅棹忠夫发表《信息产业论》，首次提出"信息化"的概念，把信息的重要性提到前所未有的高度。1969 年,国际电信联盟(International Telecommunication Union,ITU)将 5 月 17 日定为"世界电信日"。1979 年"世界电信日"的主题为"电信为人类服务",表明电信技术作为生产力获得大众的广泛认同。此后,信息通信技术进一步普及,信息通信业逐渐成为国民经济的基础性、战略性、先导性产业,在推动社会和经济发展中发挥着越来越重要的作用。进入 21 世纪,互联网和移动通信技术加速发展,信息通信业加快发展、演变和转型。2010 年之后,4G 网络出现,极大地推动了移动互联网应用的创新发展,标志着全球正式进入移动互联时代。随后,物联网、产业互联网、视频业务相继繁荣,共同带动信息数量呈指数级增长,信息通信业的内涵持续丰富,信息通信技术深入经济社会生活的方方面面。据统计,2011 年全球数据总量达到 1.8ZB(1ZB 等于 1 万亿吉比),2020 年全球数据总量达到 40ZB,10 年增长了 21 倍多。

移动互联网不仅创造了更多的信息,更重要的是它改变了人和信息之间的关系,让人们能够更加方便地生成和传播信息,让"人人成为信息",并改变了人们的很多社会行为习惯,包括人们的信息通信需求。

移动互联时代用户的信息通信需求正在朝着碎片化、场景化、个性化等方向发展,使信息传播呈现新的特征。**一是内容立体化。**信息内容以语音、图片、视频、二维码、虚拟现实(Virtual Reality,VR)等立体化的方式呈现,不断增强用户体验,逐渐满足各类用户获取信息的偏好和需求。

二是入口分散化。手机、平板电脑、传感器、智能可穿戴设备等用于传递信息的终端更加多样化，浏览器、应用商店、App、5G 消息等信息入口极其分散，为各类用户提供了更加便捷地获取信息的渠道。**三是应用场景化。**在消费互联网领域，搜索、社交、电商、阅读、游戏、视频、直播等应用丰富；在工业互联网领域，数据信息驱动智能生产、产品定制、智能控制、服务延伸深入各行各业全流程，有各自的使用场景。**四是服务个性化。**在消费领域和工业领域，信息服务的方式、内容均趋于个性化，更加满足个人用户、行业用户、企业用户个性化的信息需求。**五是交互多样化。**在人机交互从非自然交互到自然交互的演变过程中，语音、手势、体感、图片、视频等多模态交互方式快速发展，智能感知、智能识别、可穿戴设备等新的交互工具迅速普及。同时，物与物之间的交互更加频繁，信息交互的方式越来越多样。移动互联时代的信息传播特征如图 1-2 所示。

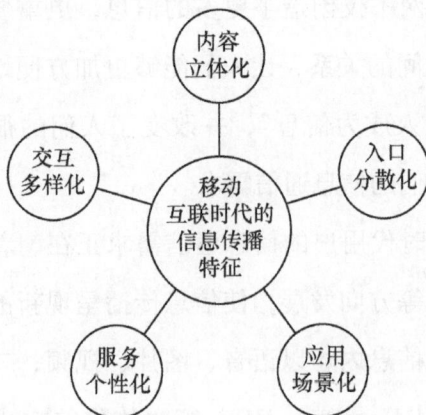

图 1-2 移动互联时代的信息传播特征

移动互联时代信息量呈指数级增长，人们陷入了信息海洋，形成海量信息和人们有限注意力之间的矛盾，怎样从海量的信息里找到"对我有用的信息"变得更加重要。这时，算法推荐技术应运而生。从功能上来看，算法推荐技术是为了实现海量信息与海量用户需求的有效匹配，实现信息"千人千面"的应用。从效果上看，算法推荐技术能够在一定程度上帮助用户选择信息，提高了信息传播效率。但同时，算法推荐技术按照用户喜好进行的信息个性化过滤、筛选和推荐，容易让用户陷入一种固定的思维和认知模式，产生对客观世界的认知偏差。在移动互联时代，怎样有效利用技术手段更好地实现信息传播，成为一个新的课题。

除了依靠技术手段，我们有没有更好地获取"有价值信息"的办法？这里引入"熵"的概念。熵是化学与热力学中的概念，用来度量一个物质系统的混乱状态。熵分为热力学熵和信息熵，信息熵可用来度量信息的不确定性，信息熵越大，信息的不确定性越大，信息的内容就越混乱。因此，对个人而言，从海量信息中获取"有价值信息"的最好方法就是减少信息熵。而要减少信息熵，第一要保持开放的心态，打破孤立的思维系统，善于接受新思维；第二是主动作为，梳理自己掌握的信息，降低信息混乱度；第三是努力提升认知，从接收的大量无序的信息中，提取"有价值信息"。

1.3 万物互联带来的信息变化

1999年，美国麻省理工学院的凯文·阿什顿教授，基于互联网、射频识别（Radio Frequency Identification，RFID）技术、电子产品代码（Electronic Product Code，EPC）标准等，构造出一个实现全球物品信息实时共享的实物互联网——物联网（Internet of Things，IoT），这是物联网概念首次被正式提出。

随着物联网技术的发展，其内涵不断演进。我国对物联网的定义是，通过传感设备，按照约定的协议，把各类物品与互联网相连接，进行信息交换和通信，以实现智能化识别、跟踪、定位、监控和管理的一种网络。物联网可以理解为一种特殊的互联网，它以被独立标识的物作为信息网络连接和服务的对象，实现"万物互联"，满足特定的服务需求。

根据高德纳（Gartner）咨询公司发布的技术成熟度曲线，物联网技术在20多年的发展中，经历了期望高峰期、泡沫破灭期和重新起步期，目前已逐渐进入成熟期，对经济社会发展的巨大影响也已显现。物联网技术已广泛应用于智慧城市、智能家居、智慧交通、工业互联网等领域，据统计，2010—2020年，全球物联网设备数量高速增长，年复合增长率达19%；截至2020年年底，全球物联网设备数量达到126亿个，是全球手机用户数量的2倍多。上百亿个可穿戴设备、智能家电、机器人、无人机等物联网设备接入网络，实时产生海量数据，促进生产生活和社会管理方式更加智能化、网络化和精细化，推动经济社会的快速发展。

有人把受到线路、物理位置等制约的固线互联网称为一元互联网，把人人即为信息的移动互联网称为二元互联网，将连接着人与物、物与物的物联网称为三元互联网，并认为物联网正在推动信息传播向智能化方向发展，引领人类的信息通信需求，突破人与人之间交流的边界，向更深的物理领域拓展。物联网技术的发展涉及信息技术的方方面面，是一种聚合性、系统性的创新应用与发展，物联网带来的信息变化是巨大的。

从目前来看，物联网带来的信息变化主要体现在 3 个方面。**一是从虚拟连接到真实连接。**固线互联网、移动互联网主要是虚拟连接，网上信息良莠不齐，大量的信息真伪难辨；物联网主要是物物互联，信息更加实时、准确，具有很大价值。**二是海量数据信息涌现。**人与物、物与物之间交互的信息量成倍增长，当这些数据信息被大量运用到生产和生活中时，可能会对社会发展产生巨大的影响，充分体现了数据要素作为生产力的作用。**三是信息智能化推动社会智能化。**物联网使用各种智能技术，对感知、识别、传送到的数据信息进行分析处理，实现监测与控制智能化，构建智能化的服务系统和服务环境，推动人类社会走向智能化。物联网带来的信息变化如图 1-3 所示。

当物联网按需求连接万物后，其产生的海量数据推动了全社会数字化和智能化变革，最直接的影响是重塑生产组织方式，推动产业革命。例如，在工业互联网领域，企业利用实时的数据采集和分析技术，可实现生产过程及供应链的智能化管理，有效提升生产效率和产品质量，促进安全生产和节能减排；在智慧农业领域，物联网数据可用于"精耕细作"，减少农民管理农作物所需的工作量，减少种植风险和资源浪费，实现智能耕种。

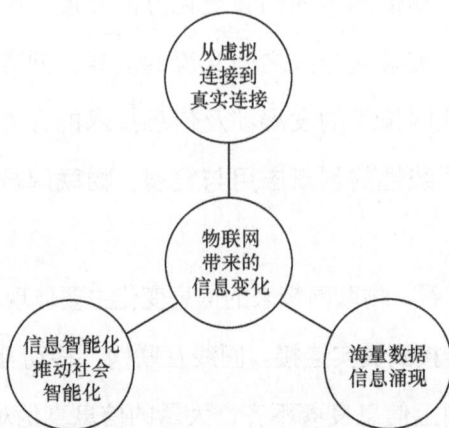

图 1-3　物联网带来的信息变化

同时，基于物联网海量数据信息的智能分析，会对社会生活产生巨大的影响。一方面，在社会环境中密集部署各类物联网设备，实时感知并反馈各种社会行为；各类物联网设备深入衣食住行的各个环节，感知和预测人们的行为，大量数据信息的汇聚、分析和判断，能够提升整个社会生活的智能化水平，提升对个体的智能化服务能力。例如，早上 7 点，当智能手环感知到用户起床，可以按照用户的预先设计，把这一数据信息传送到房间的控制平台，由平台根据用户的习惯行为信息，自动打开可控制的电灯、音乐等，提供智能化服务；早上 8 点，某一物联网平台汇聚分析某一区域内所有正在行驶的车辆的行走线路、速度等数据，为即将进入该区域的车辆实时设计更加智能的行驶线路。另一方面，在物联网环境下，整个社会状况及人们的行为轨迹、生理状态等完全可感知、可量化、可预测，对数据安全问题带来严重挑战。这时，人和物都变得"透明"，一旦出现数据安全问题，可能会造成极大危害。当然，我们更愿意相信，科技的进步让一切在可控之中。

1.4 工业互联网信息互联

2006 年，德国政府发布了《高技术战略 2020》，首次提出"工业 4.0"概念，作为面向 2020 年高技术发展战略的重点。2013 年，在德国汉诺威工业博览会上，"工业 4.0"发展成为第四次工业革命的核心内容。第四次工业革命以信息通信技术为基础，以生产高度数字化、网络化、机器自组织为标志，其中，建设工业互联网是推进第四次工业革命的关键之一，是工业经济实现数字化、网络化、智能化发展的关键支撑。

工业互联网与物联网既有区别又有联系。工业互联网是物联网的一种，其前身是工业物联网，工业物联网符合物联网的整体特征，即以网络为中心进行物与物之间信息的连接，物本身并不具备智能特征。而发展到工业互联网阶段之后，物具备了智能特征，成为智能机器、智能装备，数据信息以智能化的方式能够连接到相应的设备和平台，并扩展到整个企业内部甚至产业链的上 / 下游，充分发挥数据要素的作用。

工业互联网的本质是数据驱动工业创新，是新一代信息技术与先进制造业的深度融合，通过跨设备、跨系统、跨产区的互联互通，实现数据要素等各种生产、服务资源优化配置，大幅提升工业经济的发展质量和效益。工业互联网能够以数据信息交互的方式，促进制造业研发、设计、生产、管理、服务等环节，由单点数字化向全面集成演进，加速创新方式、生产模式、组织形式及商业方式等变革，提升网络协同、智能生产、服务延伸等能力，推动传统工业转型升级，培育壮大新兴产业。在研发设计环节，工业互联网企业可以通过"数据＋知识"协同、众包等方式，利用外部资源提升研发设计能力；在生产制造环节，工业互联网企业可以通过数据信息分析，建立行业模型、数据模型，实现智能化生产、柔性化生产，甚至社会化生产，重塑产品体系；在运营管理环节，工业互联网企业可以通过数据信息分析，诊断生产流程，优化管理决策和企业内外部资源的组织方式，提升运营管理效能；在销售、服务环节，工业互联网企业可以通过数据信息共享，实现销售与服务延伸，创新服务方式和商业模式。

当前，全球工业互联网应用处于"从1到100"的实践深耕阶段。2021年7月，中国信息通信研究院对国内外1015个工业互联网应用案例进行分析，总结工业互联网主要应用行业及场景。在主要应用行业中，装备制造、能源电力、工程机械、汽车制造4个行业应用案例最多，每个行业应用案例均超过100个；消费电子、石化化工、钢铁、航空航天4个行业应用案例相对较多，每个行业应用案例均超过60个。在主要应用场景中，生产制造环节应用案例最多，接近500个；其次是运维服务环节，运维服务环节的应用案例超过200个；用于研发设计环节和运营管理环节的应用案例大致相当，均接近100个；此外，创新运用于新模式、新业态及多场景协同的应用案例比较少，基本是 50 多个。2021 年全球工业互联网主要行业应用案例数量如图 1-4 所示。

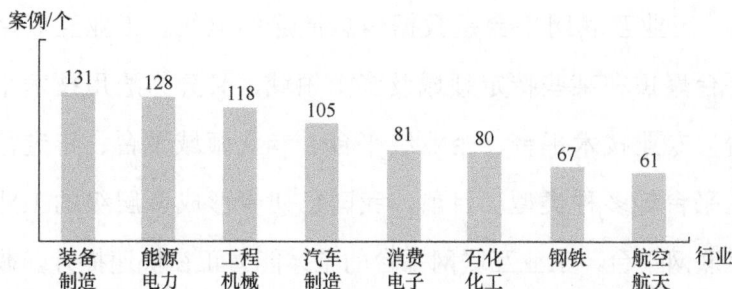

资料来源：中国信息通信研究院。

图 1-4　2021 年全球工业互联网主要行业应用案例数量

数据信息互联互通是建设工业互联网的重要内容，网络、平台、数据安全是实现数据信息互联互通的保障。当前，全球工业互联网行业格局未定，发达国家围绕核心标准、工业互联网技术、工业互联网平台等加速布局。截至 2021 年 7 月，美国主导的工业互联网联盟，汇聚了 38 个国家和地区的 270 家企业，正试图成为全球工业互联网发展枢纽。我国着力提升网络供给能力，以全球领先的 5G 网络为基础，加快工业互联网企业内网和外网的改造，推进 IPv6 规模化部署，推进工业互联网演进升级；加快工业互联网标识解析体系建设，完善标识编码、标识解析系统，开展标识数据服务，增强工业互联网安全态势感知能力；稳步推进国家工业互联网大数据中心体系建设，构建工业数据资源管理体系，强化工业数据汇聚能力，更好地发挥基于数据的服务能力；构建以网络为基础、平台为中枢、安全为保障的工业互联网体系，将边缘计算作为网络和平台协同的重要支撑和关键枢纽；努力提升数字化设计与工业互联网制造等核心技术能力，持续提升工业互联网的创新能力。

工业互联网平台是数据信息流通的枢纽。工业互联网平台聚焦在某些特定领域及多个领域，又分为通用技术平台、专业技术平台、企业级平台、专业领域平台、特定行业平台等多种类型。目前，我国已初步形成多层级的工业互联网平台，工业互联网平台的整体能力正在快速提升。截至 2022 年 11 月，我国工业互联网平台连接设备数近 8000 万台（套），工业 App 超过 60 万个。在平台边缘层，智能运维、云边协同、边缘分析等能力提升明显；在平台即服务（Platform as a Service，PaaS）层，研发设计、人机交互、信息模型等关键能力基本具备，正在探索运用数字孪生等新技术；在应用层，数据和应用共享能力逐渐增强。

人、数据、机器是工业互联网的三要素，数据是工业互联网的"血液"，工业互联网的大部分工作围绕数据展开。工业生产过程所有要素的泛在连接和整合都会形成数据；数据互联互通之后，再经过转换、运算、分析等处理，成为信息，产生经济价值。因此，数据互联互通是工业互联网的内涵，而数据互联互通的内涵是产生有价值的信息。

1.5 信息社会的新需求

根据《全球信息社会发展报告（2017）》，2017 年全球信息社会指数达到 0.5748，总体上即将从工业社会进入信息社会。其中，全球 126 个样本国家中有 57 个国家已进入信息社会。

当前，电子和信息技术已成为推动经济变革的主导力量之一，信息化正在推动社会经济结构从工业社会向信息社会升级，全球信息化的进程将大大加快经济全球化的进程，信息产业将变成 21 世纪规模最大和最具市场潜力的战略产业。在信息社会发展的当前阶段，5G、光纤宽带、云计算、人工智能、大数据、物联网、区块链等技术融合发展，推动全社会信息通信技术向泛在互联、普惠智能、多维感知、绿色低碳、安全可信等方向不断拓展应用场景，深入社会生活的方方面面，在不断满足人们信息通信需求的同时，也激励着人们持续构想新的愿景。

在信息社会中，人们的信息通信需求主要分为连接、感知、智能、安全四大类，信息社会的主要信息通信需求如图 1-5 所示。四大类需求的内涵动态变化，并随着信息通信等技术的发展不断丰富。

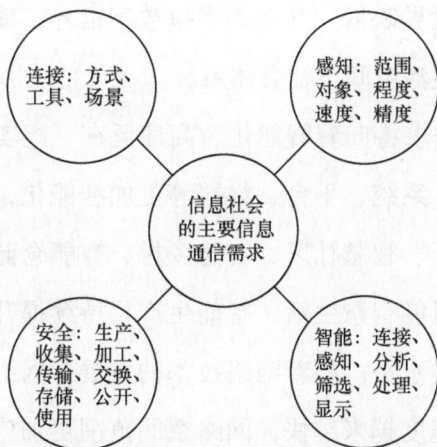

图 1-5　信息社会的主要信息通信需求

连接。连接是信息通信沟通交流的基本条件，人类"万物互联"的愿景正在实现，信息连接的方式、工具、场景等快速发展。连接方式从有线到无线，从铜线到光纤，从模拟到数字，从数字编码、解码到量子加密，从低频到高频再到太赫兹，连接技术不断升级。连接工具从电报、传真、固定电话到手机、计算机、平板电脑，再到摄像头、传感器、控制器等，连接工具越来越丰富，理论上已实现万物互联。连接场景从衣食住行到生产车间、工业园区，从港口码头到厂矿油田，从江河湖海、草原沙漠到高山之巅等。从时间维度来看，不同的连接有不同的时间需求，工厂生产线、监控用摄像头等需要不间断连接，物联网、车联网等需要随时发起连接"会话"。从空间维度来看，物理世界的立体信息连接正在全面覆盖，空天地一体化的信息连接正在形成，未来的6G网络将进一步打破空间，助力实现真实物理世界与虚拟数字世界深度融合，而元宇宙等技术的发展，正在努力构建与真实物理世界映射、交互的虚拟数字世界，建设虚实融合的新型数字生活空间与社会体系。

连接的需求将向着智能化、高速泛在、虚实结合的方向发展。网络、系统、平台、终端等更加智能化，推动智慧城市、智能园区、智慧社区、智慧乡村、智能仓储及智慧物流等的建设，赋能智慧生活、智能生产，持续提升全社会数字化、智能化的水平。随着网络技术的发展，网络带宽不断增加，连接的速度越来越快，网络空间范围更加广泛，空天地一体化的融合网络将提供无处不在的连接。与此同时，充足的网络资源、算力资源等激发了人们持续探索虚拟数字世界的兴趣，从数字孪生到元宇宙，人们构建的与真实物理世界相映射的虚拟数字世界正在成为现实。

感知。感知能够获得信息，是连接的目的，更是一种体验。信息通信技术与市场不断发展，扩大感知范围，拓展感知对象，增强感知程度，提升感知速度，提高感知精度。感知的范围正在从点到面、从平面到立体、从单视角到多视角、从单维度到多维度扩展。感知对象从人扩展到万物、从身体扩展到动作、眼球、声音、气味等生物特征，从真实物体/场景扩展到虚拟物体/场景。感知的程度也在逐渐深入，一方面是从单维度向多维度深入，另一方面从实时到可分析、可预测。例如，对天气的感知，从温度、湿度、风速深入气流、光线、负氧离子、颗粒物等，通过综合分析可进一步提高预测的精准度。感知对速度的要求也越来越高，对应网络技术上的时延概念，从秒到毫秒再到微秒，5G 网络能做到时延毫秒级，6G 网络的时延将达到微秒级，以满足扩展现实（Extended Reality, XR）、工业互联网等对时延的要求。感知对精度的要求，对应网络技术上的定位概念，从米到厘米再到毫米、亚毫米，增强现实（Augmented Reality, AR）对定位精度的要求为毫米级，工业机器人、远程手术等对精度的要求达到微米级。当感知范围、对象、程度持续扩展，感知速度、精度等不断提升时，感知体验也在不断增强。

信息社会对信息感知的需求，朝着便捷性、多样性、精准性的方向发展：便捷性是指人机交互、物与平台交互、平台与系统交互等方式更方便，信息显示更简单、易操作；多样性是指感知的范围、对象更加宽泛，感知方式更加立体化，能够在更大程度上取代直观感受，消除认知盲点；精准性是指感知的时间、空间、速度等更加精准，能够满足工业制造、无人作业、远程控制和预测预警等需求。

智能。信息是智能的基础，智能是获取和运用信息的能力。在信息社会，智能是对信息的选择和对信息质量的要求。从智能连接、智能感知，到对信息进行智能分析、筛选，再到智能处理、显示，智能技术已深入信息通信的各个环节，智能化网络管理与控制、智能搜索、智能识别、智能控制等已成为信息通信业发展的主要技术。人工智能（Artificial Intelligence，AI）的核心技术是机器学习，如今 AI 技术已深入运用到社会生产生活中，人们对其智能化水平的要求也越来越高。例如，生活服务型机器人在为人们提供日常活动及心理关怀等服务时，若其智力水平达到或接近人类的智力，甚至具备人类一样的情感，则人机交互会更高效顺畅。

信息社会的智能化程度越高，对信息智能的需求越大。当前信息通信业智能化的需求，主要体现在网络智能化、系统与平台智能化、应用智能化等方面。网络智能化主要有软件定义网络（Software Defined Network，SDN）、网络功能虚拟化（Network Functions Virtualization，NFV）、云网融合等技术。系统与平台智能化主要是通过 DevOps（Development 和 Operations 的组合，意为软件开发人员与 IT 运维人员合作），打造云化的智能中台，推进智慧运营。应用智能化是融合 AI、大数据、云、算力、安全等技术，不断丰富应用场景，打造开放生态。

安全。当今社会网络信息安全问题凸显，且随着信息社会发展日趋严峻与复杂，集中体现在网络建设、运营、维护、使用，以及信息生产、收集、加工、传输、交换、存储、公开、使用等各个环节。如何既能快速获得有用的信息，又能确保个人隐私、公众数据、企业数据不被泄露？目前，世界各国都在加强网络信息安全相关立法，规范信息与数据收集、共享、访问、传输、转换等行为，在以法律手段保障网络信息安全的基础上，更好地挖掘信息与数据的价值，释放数据要素生产力。对国家和企业而言，要进一步做好网络安全防范，做好信息与数据的分类管理、分类保护，同时要加强网络攻击预警与防护，加强用户身份认证、数据信息隔离、访问控制、加密存储等技术手段创新，搭建网络、信息与数据安全技术保护屏障。对个人而言，则要提高网络防护、信息保护意识，强化依照法律规范处理问题的理念，在使用网络和信息的过程中做好安全防范。

但无论采用何种防范手段，网络信息安全的威胁始终存在。数据信息作为生产要素的价值越大，全社会对网络信息安全的需求越强烈，信息安全越重要。信息通信的安全需求主要分为网络安全和信息安全两大类。在网络安全方面，首先要保证网络空间的公平正义，创建公平使用网络的环境，维护网络空间的主权和国家安全、社会公共利益；其次要保证网络和数据权利平等，明确数据信息的权属关系，促进开放合作，防止数据信息被滥用，构建良好的秩序；最后要防范网络攻击，保护公民、法人和其他组织的合法权益，促进信息化经济社会健康发展。在信息安全方面，首先要规范信息生产、收集、加工、传输、交换、存储、公开、使用等行为，严惩侵害个人信息权益等行为；其次要加强信息保护，特别是要加强对生物识别、特定身份、医疗健康、金融账户、行踪轨迹等敏感信息的保护；最后要加强信息使用防护，禁止使用弱密码，不随意打开来历不明的邮件和链接，增强防范钓鱼软件的安全意识等。

第二章

技术演变趋势

近 50 年，对信息通信业发展影响最大的基础技术主要有光通信、移动通信、信息通信材料与硬件制造，今后 20 年，对信息通信业发展影响最大的基础技术主要有 ABCDEI[1] 等融合技术。

2.1 光通信技术

1966 年，物理学家高琨和霍克哈姆共同发表了关于传输介质新概念的论文，指出利用光纤进行信息传输的可能性和技术路径，奠定了现代光通信的基础。

1970 年，光纤和半导体激光器两项技术研究同时取得实质性进展，拉开了光纤通信发展的帷幕，这一年被业界称为光纤通信的"元年"。1976 年，在美国亚特兰大进行了世界上第一个实用光纤通信系统现场试验。1980 年，美国标准化 FT-3 光纤通信系统投入商业应用，推动了光纤通信技术在各国商用。1988 年和 1989 年，第一条横跨大西洋和第一条横跨太平洋的海底光缆通信系统先后建成，光纤通信开始在国际通信网络中发挥重要作用。

人们习惯把光纤通信简称为光通信，光通信主要包括光纤光缆、光电子器件和光通信系统设备 3 个部分。其中，光电子器件是光纤通信技术的基础与核心，主导着光通信网络的升级换代。光电子器件主要有光电转换器、光电耦合器、红外光电器件及液晶显示器等，根据其物理形态，又分为光

1　ABCDEI 中，A 指 AI，人工智能；B 指 Block Chain，区块链；C 指 Cloud Computing，云计算；D 指 Big Data，大数据；E 指 Edge Computing，边缘计算；I 指 IoT，物联网。

芯片、光有源器件、光无源器件、光模块与子系统4类。光
纤光缆技术主要有光纤制棒、制纤、成缆等，技术比较成熟。
光通信系统设备主要包括光端机、光放大器、编解码器、光
复用器、光解复用器等。

随着光通信技术在全球大规模应用，其主要技术朝着高
速率、大容量、长距离的方向不断发展。

20世纪90年代，光放大器的出现有效延长了光纤通
信的传输距离。2000年，波分复用及解复用器件商用，极
大地扩展了光纤通信传输容量。2010年，相干光通信技
术大力发展，将光通信系统的传输容量提升到一个新的
高度。2010年前后，全球主要国家开启全光网络建设进
程，即在骨干网、城域网、接入网中完全实现光纤传输。
全光网络建设中有很多核心技术，其中，自动交换光网络
（Automatically Switched Optical Network，ASON）、
光纤到户（Fiber To The Home，FTTH）、波分多路复用（
Wavelength Division Multiplexing，WDM）和弹性分组
环（Resilient Packet Ring，RPR）4项技术最为重要。

ASON是一种具有灵活性、高可扩展性的光网络，能够
直接在光层上按需提供服务。ASON技术运用于骨干网，是
实现光网络智能化的重要一步。

FTTH是将光网络设备（Optical Network Terminal，
ONT）安装在住家用户或企业用户处，是宽带接入的最终目
标。FTTH基于无源光网络（Passive Optical Network，
PON）技术实现，一般采用以太网无源光网络（Ethernet

Passive Optical Network，EPON）或千兆无源光网络（Gigabit-capable Passive Optical Network，GPON）两种技术标准。

WDM 是光传输网络的核心技术，分为密集波分复用（Dense Wavelength Division Multiplexing，DWDM）和粗波分复用（Coarse Wavelength Division Multiplexing，CWDM），WDM 技术显著提高了光纤传输容量和光纤资源利用率。

RPR 是一项重要的城域网技术，运用在多业务传送平台（Multi-Service Transport Platform，MSTP）上，可以灵活有效地支持各种数据业务。

近年来，不断增强的移动宽带、大规模物联网，以及超高可靠低时延的机器通信，对光网络的传输速度、容量和响应时间等提出更高的要求，推动光通信网络架构发生重大变化。动态可重构光网络、集成光电子学及大容量光纤传输等技术，展现了光网络的未来发展趋势。

动态可重构光网络以可重构光分插复用器（Reconfigurable Optical Add/Drop Multiplexer，ROADM）为代表。基于 ROADM 和灵活栅格技术，可以实现波长间隔按需分配。在传统光通信领域，骨干网基本实现全光化，传输节点实现全光交叉连接之后，ROADM 向 CDCG[1] 化和 SDN 化发展。在新兴市场，当前数据中心（Data Center，DC）之间缺乏直达路由，时延高，无法合

---

1 CDCG（Colorless，Directionless，Contentionless，Gridless），是指上下波端口无关、方向无关、波长无关、灵活网格。

理分配资源，需要光承载网提供大带宽、灵活性调度能力，ROADM 技术可以将数以百计的 DC 连接形成大的云网络。

集成光电子学主要包括光子集成技术、数字信号处理器（Digital Signal Processor，DSP）等。随着相干光通信系统逐步向 1Tbit/s 及以上容量发展，新技术（例如，超级通道传输、大规模光子集成和高阶 QAM[1] 等）逐步被引入光通信系统。光子集成技术是未来光器件的主流发展方向，主要有铟磷光子集成技术、硅光子集成技术。光子集成电路可以集成激光器、电光调制器、光电探测器、光衰减器、光复用/解复用器等各种光学器件或光电器件。DSP 通过自适应调制、调制带宽可变和调制格式可调，可以更有效地利用大容量光传输系统，提升频谱效率，延长传输距离。

大容量光纤传输技术朝着超高速、超大容量、超长距离传输的方向发展。当前，单模光纤的容量已接近香农信息论与非线性光纤效应相结合的能力极限，提高光纤传输极限主要有提高单波长的传输速率、扩大光纤可用的信道带宽及空分复用 3 种途径。为了满足带宽需求并降低每波特、每赫兹的成本，传输网络需要更高的频谱效率和更高的传输速率，提升频谱效率主要依靠更复杂的调制码格式，而提高传输速率主要依靠提高信号的波特率。在扩大光纤可用的信道带宽方面，骨干网、城域网、接入网已大量引入 DWDM 技术，但 DWDM 传输系统的传输带宽向 L-band 扩展还需要光电

---

1 QAM（Quadrature Amplitude Modulation，正交振幅调制）。

子器件等硬件的支撑。在空分复用技术方面，光空分复用以多芯或多模光纤作为媒介，通过空间分割实现空分复用，它可以改变信息网络中传输速率受限的状况，降低单位带宽的成本。目前，国际上已经开发出容量超过 1Pbit/s 的多模多芯光纤传输系统，进一步提升了光纤传输能力。光网络的主要发展趋势如图 2-1 所示。

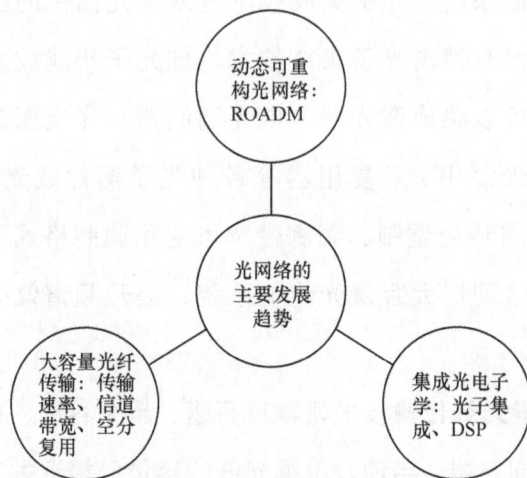

图 2-1　光网络的主要发展趋势

2.2　移动通信技术

移动通信是在无线通信的基础上发展起来的。1896 年，人类发明无线电报后，开启了无线通信的发展历程。1930 年，世界上开始出现无线电话，但其应用范围并不广泛。1947 年，美国电报电话公司（AT&T）推出车载式商用移动通信服务。1956 年，瑞典电信在斯德哥尔摩和哥德堡立移动电话系统，它们通常被人们称为第 0 代移动通信系统。

1947年，美国电报电话公司贝尔实验室的工程师提出建立蜂窝式移动通信系统的概念，解决无线通信发展中的频率和网络覆盖问题。蜂窝式移动通信系统理论是现代移动通信技术发展的基础，这一理论在1966年得到贝尔实验室的重视，随后该实验室开展相关实验，在1969年获得成功。贝尔实验室以频率复用和通话切换等技术为基础，在1971年制定了蜂窝移动通信网络的技术规范和参数，后来演变为美国高级移动电话系统（Advanced Mobile Phone System，AMPS）技术标准。

在贝尔实验室开展蜂窝移动通信网络相关实验的同时，欧洲也在开展同样的实验，先后推出不同的技术标准和网络。1969年，北欧各国的邮电部门共同建立了北欧移动电话（Nordic Mobile Telephone，NMT）工作组，后来发展为NMT网络。在西欧国家中，英国推出了全接入通信系统（Total Access Communication System，TACS）。TACS与AMPS类似，只是在频段、频道间隔、频偏、信令等标准方面有差别。

到了20世纪80年代，1G技术已比较成熟，出现了多种蜂窝式模拟移动通信技术标准，包括1980年推出的NMT标准，1983年推出的AMPS标准，1985年推出的TACS标准等。第一代移动通信系统的主要技术特点包括采用频分多址（Frequency-Division Multiple Access，FDMA）方式实现对用户的动态寻址功能，并以蜂窝式网络结构和频率规划实现载频复用；在信道动态特性匹配上，采用了模拟调频方式。

1990 年，欧洲电信标准化协会发布第一版 GSM[1] 技术规范，详细阐述采用窄带时分多址（Time-Division Multiple Access，TDMA）的 GSM 技术规范和指标。同年，美国电信业协会发布 IS-54 数字移动通信标准，其又被称为数字 AMPS(Data-AMPS，D-AMPS)。GSM 和 D-AMPS 共同开启 2G 的建设之路。1991 年，芬兰电信运营商开通第一个 GSM 网络。1993 年，美国电信业协会将高通公司提出的码分多址（Code-Division Multiple Access，CDMA）技术标准列入可选择的移动通信技术标准。1995 年，高通公司推出 IS-95A 技术标准；同年，中国香港和记电讯推出全球首个 CDMA(IS-95A) 商用网络。至此，GSM 和 CDMA 两种制式的 2G 数字移动通信网络开始在全球范围内建设、运营。

2G 数字移动通信系统主要由交换网络子系统、基站子系统、操作维护子系统和终端设备组成，主要通信技术包括多址接入、语音处理、数字调制与解调技术等。其中，多址接入分为 FDMA、TDMA、CDMA；语音处理有语音编码、信道编码、信息交织等技术。2G 网络的技术特点是以数字化为基础，实现了语音信号数字化、数字式电路交换、数字式调制，并采用一系列数字处理技术有效提高通信质量，采用微蜂窝小区结构满足更多用户通话。在接入技术上，GSM 网络采用 TDMA 方式，IS-95 网络采用 CDMA 方式，实现

---

1 GSM（Global System for Mobile Communications，全球移动通信系统）。

对用户的动态寻址功能。

1998 年年底，多个电信标准化组织签署《第三代移动通信合作伙伴计划协议》，建立第三代合作伙伴计划（3rd Generation Partnership Project，3GPP），推动与 GSM/GPRS 兼容的第三代移动通信技术标准和规范制定。1999 年年初，美国、日本、韩国的电信标准化组织成立"第三代移动通信合作伙伴计划 2"，即 3GPP 2，主要是制定 cdma2000 的技术标准和规范。1999 年 10 月，由我国提出的时分同步码分多址（Time-Division Synchronous CDMA，TD-SCDMA）技术标准被 3GPP 采纳。2000 年 5 月，ITU 公布 3G 技术标准，基于 CDMA 技术的 WCDMA、cdma2000 和 TD-SCDMA 3 个制式标准，以及基于 TDMA 技术的 UWC136 和 E-DECT 标准均被确定为 3G 国际标准。此后，在 2007 年 10 月，国际电信联盟又将全球微波接入互操作性（World Interoperability for Microwave Access，WiMAX）技术列入 3G 国际标准。

ITU 先后确定了 6 个 3G 制式标准，但真正广泛应用的还是 WCDMA、cdma2000 和 TD-SCDMA 这 3 个标准。2001 年 10 月，日本 NTT DoCoMo 公司在全球率先开通 WCDMA 制式 3G 网络，拉开了 3G 网络的建设序幕。3G 网络以宽带 CDMA 技术为基础，引入智能天线、发端分集、空时编码等多种新技术。在接入技术方面，WCDMA 在 TDMA、CDMA 的基础上增加了正交频分多址接入方式。在传输技术方面，上行链路采用智能天线等技术，下行链路采用发端分集、空时编码技术。为实现网络与业务特性动态匹配，3G 网络还采用了可变扩频比正交码，并对数据业务采用了 Turbo 码（一种前向纠错的编码技术）。

3G 网络技术持续朝着高速率、低时延的方向发展。3GPP 的 R5、R6 版本分别引入了高速下行分组接入和高速上行分组接入技术，这两类技术统称为高速分组接入技术。WiMAX 作为新的宽带无线接入技术，采用了正交频分复用（Orthogonal Frequency-Division Multiplexing，OFDM）和多输入多输出（Multiple-Input Multiple-Output，MIMO）等技术，可提供比 3G 更快的速率。

2004 年 11 月，3GPP 将未来移动通信发展标准定名为长期演进技术（Long Term Evolution，LTE），随后成立 LTE 研究项目。2005 年 12 月，3GPP 决定在 LTE 中采用 OFDM 和 MIMO 技术。2007 年 9 月，3GPP 推出 LTE TDD[1] 技术方案，这个方案又称为 TD-LTE，该方案能够与 LTE FDD[2] 技术实现 90% 以上的融合。2008 年，ITU 提出 4G 技术目标，开始征集 4G 技术标准，将 4G 标准称为 IMT-Advanced，并特别强调，4G 技术要达到世界范围内的高度通用。2010 年 10 月，ITU 由中国移动、大唐电信、华为、中兴等中国企业主导的 TD-LTE 技术标准与欧洲主导的 FDD-LTE 一并确定为 4G 国际标准，这意味我国 4G 技术与国外同步开发与推行。

我国移动通信技术从 1G 的空白到 2G 的跟随，再到 3G

---

1 TDD（Time-Division Duplex，时分双工）。
2 FDD（Frequency-Division Duplex，频分双工）。

的 TD-SCDMA 突破、4G 的 TD-LTE 技术同步，实现了技术上的跨越式发展。

在 4G 技术标准尚未发布前，美国电信运营商威瑞森就在全球率先建成 4G 网络，并于 2010 年 12 月开通服务，4G 网络提前登场。随后，美国 AT&T 公司于 2011 年 9 月开通 LTE 网络。后来的技术发展表明，尽管 4G 的 LTE 和 WiMAX 采用了类似的技术，但 LTE 发展得更好，其根本原因在于生态系统的发展：一方面，LTE 从蜂窝移动通信技术演变而来，生态系统繁荣，网络覆盖范围广泛，可以较好地承接原有通信系统的业务和功能；另一方面，虽然 WiMAX 的无线技术足够先进，但是未能形成较强的生态系统，网络覆盖不足，终端产业链不完善，产品性能无法适应基站快速切换的使用场景，生态系统上的短板让 WiMAX 技术规模化应用欠佳，失去了发展的机会。

2012 年 1 月，ITU 发布 IMT-Advanced 标准，正式确定基于 3GPP 的 LTE-Advanced 和基于 IEEE 的 Wireless MAN-Advanced（802.16m）为 4G 技术标准。

在无线接入、数据传输等方面，LTE-Advanced 采用了载波聚合、软件无线电、智能天线、上行 / 下行多天线增强、多点协作传输、异构网干扰协调增强等关键技术，大大提高了通信系统的传输速率、频谱效率及组网效率。另外，LTE 网络实现了 FDD 与 TDD 技术的融合，让频谱资源得到更加有效和充分的利用。

2011 年下半年，全球有 248 家电信运营商确定了部署

LTE 商用网络计划。中国移动作为 TD-LTE 的主导运营商，加快了 TD-LTE 在我国的发展，大力推动了 LTE 技术的融合，加速推动我国 4G 标准的产业拓展。2013 年上半年，中国移动已在全国 13 个城市开展 TD-LTE 扩大规模试验，全球已有 15 个 TD-LTE 网络商用，支持 TD-LTE 网络的终端增加到 166 款。全球商用的 FDD-LTE 网络超过 130 个，支持 FDD-LTE 网络的终端达到 655 款。

2015 年 6 月，ITU 完成对 5G 愿景、业务需求和关键能力的研究，将 5G 命名为 IMT-2020，并制定 5G 工作目标，计划在 2020 年年底完成 5G 标准制定。2016 年 11 月，3GPP 通过 5G 信道编码方案，决定在控制信道采用极化码，在数据信道采用低密度奇偶校验码。2017 年 2 月，ITU 发布 5G 网络技术规范草案，提出 5G 技术指标；12 月，3GPP 批准了非独立组网技术标准。2018 年 6 月，3GPP 批准了独立组网技术标准。

5G 的系统架构充分考虑了 5G 的需求、场景和指标要求，既满足当前的网络需求，解决频谱利用效率问题，增加系统可靠性，降低时延，又能够引领未来一段时间内的主流发展趋势，有效降低运营成本和能源消耗。5G 网络具有高速率、大带宽、低时延等特征，不仅是一个多业务、多技术融合的网络，更是面向业务应用和用户体验的智能网络。5G 网络的无线网、核心网、传输网汇聚了一系列技术创新成果。

5G 无线网络技术首先引入了集中单元—分布单元分离的新型架构，组网方式更加灵活，便于无线资源的集中控制和协作；其次，在空口采用灵活帧结构技术，使用统一的空口设计来满足不同频段、不同场景的需求，降低空口时延，增加子载波带宽；再次，通过多频段协同技术进行高中低频段联合组网，协同 5G 与 4G 频段，使用多频段联合传输，确保上行覆盖；最后，利用大规模天线阵列技术，优化初始接入信道，采用 MIMO 混合操作模式，重新设计公共参考信号等，大幅提升频谱效率。

5G 核心网在网络架构、平台、功能、协议等方面采用了革命性技术。在网络架构方面，一是采用服务化架构作为核心网的基础架构，将复杂的"单体网元"解耦成模块化的"服务"，大大提升网络的敏捷性；二是在核心网通信设备、云化基础设施和虚拟化网元中采用软件化架构，通过 NFV 技术实现软硬件解耦，通过 SDN 技术实现网络快速开通、配置及网络设备转控分离，优化网络连接，动态调整并充分共享资源，增强网络的开放能力；三是建立新一代核心网协议体系，确定了以传输控制协议（Transmission Control Protocol，TCP）、应用层协议、序列化协议、RESTful（一种应用程序接口设计方式）、OpenAPI 3.0 为基础的服务化接口协议体系，能够实现网络快速部署、连续集成，便于发布新的网络功能与服务，有利于业务开发；四是实现网络控制面和用户面功能分离，推进网络架构扁平化，控制面能够集中部署、集中管控、优化重组，以及用户面功能简化，能够灵活部署、高效转发；五是采用网络切片技术、协同终端、无线接入网、传输承载网、核心网及网络管理侧等，进行网络资源隔离、功能定制，把一张网络虚拟成多个不同的网络，并实现"多网专用"；六是采用边缘计算技术，通过发送的数据包目的 IP 地址、数据包源 IP 地址进行业务数据分流，以及通过终端使用本地数据网接入点网络进行数据交换等方式，实现业务数据流量在网络中靠近用户的位置进行分流，降低时延，减轻网络的负荷；七是采用网络信息安全保障技术，包括数据安全保护、用户隐私保护、网间信息保护等技术，针对行业用户进行定制化的安全配置，包括安全组网、数据隔离、密码算法、认证机制等技术，为各个行业提供灵活定制的安全服务。

5G 传输网主要采用切片分组网（Slicing Packet Network，SPN）技术，将统计复用、时分复用、波分复用等技术有机结合，实现强大的综合业务承载能力。SPN 主要由切片分组层、切片通道层、切片传送层，以及时钟／时间同步功能模块和 SDN 控制功能模块组成。其中，切片分组层实现统计复用，切片通道层实现时分复用，切片传送层实现大带宽传送。SPN 关键技术主要包括切片以太网、高效大带宽、确定性低时延、灵活可靠连接及超高精度同步等技术。

5G 面向丰富的应用场景，不断进行技术创新和演进。例如，5G 在不同的应用场景里融合人工智能、云计算、VR/AR、时间敏感网络（Time-Sensitive Networking，TSN）等技术；在室内定位方面采用了超带宽定位基站、到达角度定位、超声波定位、Wi-Fi 位置指纹定位等技术；在时间同步方面采用卫星双频技术、单纤双向 1588v2 等技术，并抓紧开展同步源头、同步传输、同步监视、同步组网等技术的研究。

5G 网络主要技术创新如图 2-2 所示。

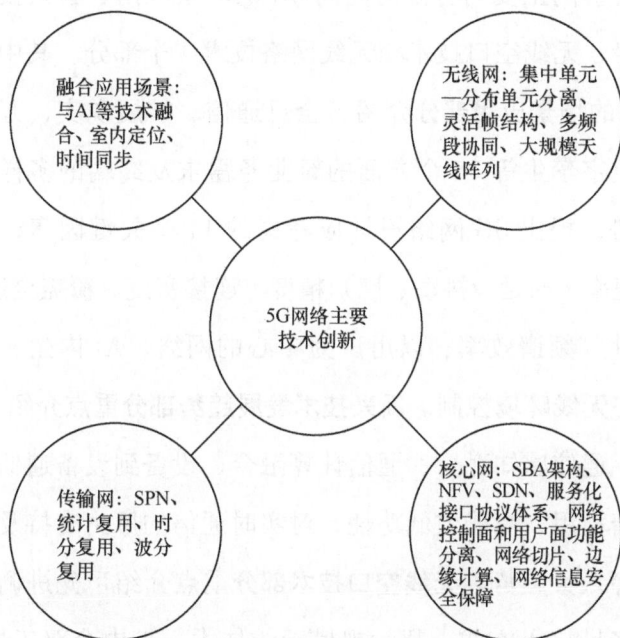

图 2-2　5G 网络主要技术创新

2020 年 2 月，国际电信联盟无线电通信部门 5D 工作组（ITU-R WP5D）在瑞士日内瓦召开第 34 次会议，正式启动面向 2030 年及未来的移动通信研究工作，6G 为其中最核心的部分。本次会议初步形成了 6G 研究时间表，包含未来技术趋势研究报告、未来技术愿景建议书等重要计划节点，例如，计划在 2023 年确定 6G 愿景需求，在 2025 年前后形成 6G 基础技术方向。3GPP 也计划于 2025 年左右启动 6G

技术和标准研究。2022 年 6 月，ITU-R WP5D 发布了面向 6G 的《未来技术趋势研究报告》，首次明确 6G 主要场景应用、新兴技术发展趋势、无线空口与无线网络技术方向等内容，指明了 6G 无线技术研究的方向。《未来技术趋势研究报告》的主要内容分为面向 6G 的场景应用、新兴技术发展趋势、无线空口技术和无线网络技术 4 个部分。其中，**面向 6G 的场景应用部分**介绍了全息通信、扩展现实、万物互联、数字孪生等 11 个方面的新业务需求及终端的多样化发展趋势，提出 6G 网络设计应考虑的 11 个关键因素，即能效、速率 / 时延 / 抖动、感知精度、连接密度、覆盖全连接、移动性、频谱效率、以用户为中心的网络、AI 内生、安全和动态无线环境控制。**新兴技术发展趋势部分**重点介绍了 AI 内生、通信感知融合、通信计算融合、设备到设备通信、高效频谱利用、高能效低功耗、对实时通信的原生支持及可信网络等八大趋势。**无线空口技术部分**重点介绍了先进调制编码与多址接入方式、超大规模天线技术、带内全双工技术、新物理维度无线传输技术、太赫兹通信和超高精度定位 6 项主要技术发展方向。**无线网络技术部分**重点介绍了无线电接入网（Radio Access Network，RAN）切片、确保服务质量的弹性柔性网络技术、以用户为中心的新 RAN 架构、支持数字孪生 RAN 的技术、支持非地面网络互联、超密集无线网络部署、RAN 基础设施共享增强 7 项技术方向。《未来技术趋势研究报告》标志着全球在 6G 研究方向已达成基本共识。

6G 研发在承接 5G 主要技术的基础上，进一步突出了极致体验、泛在智联、多维感知、绿色低碳等特点。6G 在某些方面可以借鉴 5G，但 5G 系统已基本达到香农定理的理论极限，6G 要实现更大容量、更高频谱效率等技术指标。当前，6G 尚缺乏基础理论支持，亟须新的理论突破，还有很多空白技术需要研发。未来，6G 将彻底改变人类社会与物理世界和数字世界交互的方式，创造更加美好的未来。

2.3 材料与硬件制造技术

按功能划分，信息通信材料主要分为信息探测、传输、处理、显示、存储等材料，这些材料及其产品的制造技术、制造工艺与信息通信技术发展相辅相成，共同推动着信息通信业的发展。

信息探测材料是指对电、磁、光、声、热辐射、压力变化或化学物质敏感的材料，主要包含陶瓷、半导体和有机高分子化合物等，可用来制成传感器等元件，用于各种信息探测系统。其中，陶瓷材料主要有介质陶瓷、热敏陶瓷、压电陶瓷等。半导体材料是制作晶体管、集成电路、电力电子器件、光电子器件的重要基础材料，主要有硅、砷化镓、氮化镓等。有机高分子化合物中，力敏、热敏、光敏等元件的发展最为迅速。

信息传输材料主要包括通信电缆、光纤等。其中，光纤材料又分为石英（玻璃）光纤和塑料光纤。

信息处理材料主要包括芯片、有机薄膜晶体管、硅薄膜晶体管等。

信息显示材料主要包括薄膜晶体管、有机电致发光显示器等。

信息存储材料主要包括光存储、磁存储和柔性存储材料等。

当前，以5G移动通信、卫星通信等为主的高频率通信技术得到广泛应用，推动信息通信材料与硬件制造技术发展，对通信材料在介电常数、介质损耗、无源互调等方面的性能参数提出了更高的要求。下面以5G为例，简要介绍信息通信材料及硬件制造技术的发展情况。

5G通信技术接入工作器件需要满足全频谱接入、高频段乃至毫米波传输、超高宽带等基础性能要求，其制备材料需要具备大规模集成化、高频化和高频谱效率等特点，器件材料、天线材料、光纤传输材料和封装材料这四大类主要制备材料需要更高的制作工艺和制造技术。

器件材料方面。一是中高频器件，以砷化镓、氮化镓（GaN）、碳化硅（SiC）等化合物半导体为核心材料制造，主要有纯衬底材料和外延材料两种制造技术：纯衬底材料制造是以GaN为衬底材料的同质外延；外延材料制造采用以SiC外延GaN的技术。二是基带芯片，以锗、硅、锡等元素半导体材料制造，其中硅晶圆作为主要材料，向着大尺寸、高纯度的方向发展，目前，硅晶圆片的制作工艺已达到12英寸（30.48cm）、纯净度为99.999999999%。三是压电陶瓷、压电晶体、压电薄膜等滤波压电材料，其中，压电陶瓷材料主要包括钙钛结构矿（钛酸钡、锆钛酸铅）材料、钨青铜结构材料和铋层状结构材料，压电晶体材料有铌酸锂、钽酸锂、硅酸镓镧，压电薄膜材料主要是通过化学气相沉积或物理气相沉积的方法制备的压电薄膜。四是微波介电陶瓷材料，主要包括氧化钡（BaO）—二氧化钛（TiO_2）系材料、BaO—氧化铟（Ln_2O_3）系材料、复活钙钛矿系材料和铅基钙钛矿系材料。

天线材料方面。一类是实现芯片和振子发射单元的集成印刷电路板材料，主要包括有机树脂、增强材料、铜箔、油墨等；另一类是以结构为主的天线罩材料，包括纤维增强复合材料、陶瓷基复合材料，最常用的是硬聚氯乙烯材料和玻璃钢材料。硬聚氯乙烯材料是在氯乙烯单体中加入一定的添加剂而制成的无定形热塑性树脂；玻璃钢材料是将玻璃纤维增强不饱和聚酯、环氧树脂与酚醛树脂复合而成的。

光纤传输材料方面。一是光纤预制棒，其核心材料是石英砂，制备石英砂的主要原料是高纯度四氯化硅，制备光纤预制棒的技术门槛较高，被誉为光通信产业"皇冠上的明珠"。二是光纤光缆，常用材料除了四氯化硅，还有四氯化锗、三氯氧磷、三氯化硼、三氯化铝等试剂，以及一些高纯度掺杂剂和辅助反应的试剂或气体，进行预制棒拉丝、着色、涂覆等工艺。

封装材料方面。一是封装基板，分为有机、陶瓷和复合材料3种，其中，封装基板原材料以聚酰亚胺、聚对苯二甲酸乙二醇酯和聚萘二甲酸乙二醇酯等为主，陶瓷基板原材料有氧化铝、氮化铝、SiC和氧化铍等。二是塑封材料，主要有酚醛树脂、氰酸酯树脂、环氧树脂、聚酰亚胺、双马来酰亚胺、聚苯醚等。三是金属引线，主要有纯金、合金、银、铜、铝、铝合金、硅铝等多种键合丝。5G 主要制备材料如图 2-3 所示。

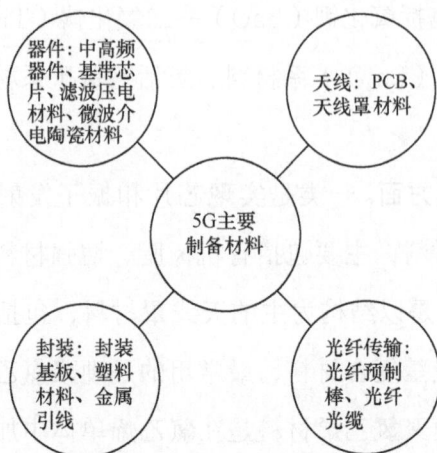

图 2-3　5G 主要制备材料

2.4　云计算技术

　　云计算技术的发展对信息通信业而言具有十分重要的意义，它被称作第三次 IT 变革。云计算技术的出现使信息通信业变成集约型产业，IT 基础设施成为公共服务设施，企业和公众由购买 IT 设备向购买信息服务转变。

　　云计算技术的诞生是用户习惯与需求驱动信息通信技术自然演进的结果。21 世纪初，Web 2.0 产生并开始普及，以视频和图片分享为主要内容的网站为了提升内容服务的吸引力，需要实时处理大量的内容信息，尽可能缩短网站软件的开发周期，还要不断对承载内容平台的服务器进行扩容，由此带来了人力资源及设备购置等成本成倍增长，对网站运营提出了极大挑战。与此同时，芯片、磁盘等计算存储硬件产品正按照摩尔定律周期性地增强处理能力，降低成本单价，以服务器和存储设备为核心的数据中心发展加速，网格计算、分布式计算和并行计算等技术成熟，电信运营商的网络带宽也在快速扩展，这些环境条件为网站运营者提供了一种新的思路——利用数据中心等资源进行大规模的内容存储和数据处理，这就是云计算概念的雏形。

2005 年，亚马逊公司第一次把云计算服务器的服务进行了商用。2006 年，亚马逊公司发布了 S3（简单存储服务）和 EC2（弹性计算云）两款产品，企业可以通过购买产品的方式，"租赁"亚马逊云计算服务器的计算容量和处理能力。随后，亚马逊公司推出了云计算服务品牌 AWS（Amazon Web Services），以 Web 服务的形式向企业提供 IT 基础设施服务，云计算的概念逐渐被更多的企业接受。2007 年，谷歌运用云计算技术，相继推出了免费网络邮件服务 Gmail 及谷歌地球、谷歌地图等产品；IBM 推出了"蓝云"计算平台，它包括一系列云计算产品，可以使数据中心在类似于互联网的环境下运行计算。2008 年，微软推出了基于云计算的操作系统 Windows Azure，又于 2019 年推出 Azure 云服务，Azure 在互联网架构上打造了新的云计算平台，让 Windows 由个人计算机延伸到云端。2009 年，阿里巴巴成立阿里云，率先开启了中国追赶美国云计算发展的步伐；中国移动对外公布"BigCloud—大云"平台。2010 年，美国国家航空航天局和云计算中心 Rackspace 共同发起了云计算管理平台项目 OpenStack，搭建了全球最大的开源云平台之一。2010 年，中国电信启动了"星云计划"，推进云网融合技术发展；华为发布了以云计算为核心的"云帆计划"，推进行业应用云计算解决方案。2011 年，腾讯开始提供云服务，开放 API（Application Program Interface，应用程序接口）和账号体系。2012 年，我国出现了 UCloud、七牛云、青云等一批创业型云计算公司，推进云计算技术在手机游戏、电商、互联网金融等领域的应用。2013 年，我国的云计算市场已形成互联网公司、IT 企业、电信运营商相互竞争的格局，美国的云计算公司开始进入我国市场。2013 年 5 月，微软云计算操作系统——Windows Azure 进入我国；2013 年 12 月，亚马逊 AWS 进入我国，IBM 也将其最先进的云架构技术 SCE+ 引入我国。

2014 年，云技术服务进入成熟阶段。云计算已经成为请多国家互联网创新创业的基础技术平台，云主机、云存储、云邮箱、云分发、云搜索、云渲染等技术均有一定的应用规模。在此基础上，谷歌将其自研的基于容器的调度管理系统 Borg 开源，并将其命名为 Kubernetes，解决了虚拟机资源使用效率低、难以快速启停和调度等问题。之后，谷歌又进一步将 Kubernetes 和应用容器引擎 Docker 结合，逐渐在 PaaS 领域占据领先地位。至此，云技术服务突破互联网市场，开始被政府、行业企业和公共管理部门等接受，公有云技术服务成为取代传统自建 IT 系统的主要方式。

根据提供 IT 设施的方式，云计算主要划分为公有云、私有云、混合云这 3 种形式：公有云是云服务商建设、多个用户共享使用的云；私有云是用户自建或委托云服务商建设，用户单独使用的云；混合云是公有云和私有云的结合。根据服务类型，云计算一般可分为 3 个层面，分别是基础设施即服务（Infrastructure as a Service，IaaS）、PaaS、软件即服务（Software as a Service，SaaS）。其中，IaaS 作为"重资产"服务，市场增长速度最快，已成为互联网和信息通信业发展的重要基石，云计算服务、海量数据存储和计算需求将持续推动 IaaS 发展。PaaS 是当前云计算技术和应用创新最活跃的领域，它具有更强的业务黏性，能够构建和形成紧密的云产业生态。SaaS 采用 Web 技术和面向服务的体系架构，通过互联网向用户提供多租户、可定制的应用能力，大大缩短了软件产业的渠道链条，使软件提供商从软件产品的生产者转变为应用服务的运营者。

2015 年之后，云原生作为下一代云计算的核心特征，技术逐渐成熟，内涵不断丰富，获得了业界的广泛认同，并在云计算领域和企业 IT 架构中广泛应用。云原生技术有利于各组织在公有云、私有云和混合云等新型动态环境中，构建和运行可弹性扩展的应用，其主要技术可以划分为容器、持续交付、DevOps、微服务、服务网络和声明 API 等子类。企业可利用这些技术，构建容错性好、易于管理和便于观察的松耦合系统，降低运营成本，提高系统管理的效率。

5G 商用之后，5G 和云计算技术的结合更加紧密。首先，

5G 核心网采用了全云化架构，这是云网融合最根本的内涵。其次，5G 网络架构设计体现了原生云的核心理念，具有网络架构服务化、软件架构微服务化等基本特征，基于云原生技术进行 5G 核心网建设，可以最大程度地发挥 5G 网络的优势。最后，在 5G 网络演进的过程中，云化的网络能够与 IT 技术深度融合，云化平台、网络重构使网络架构更加敏捷开放，网络运营更加集约自动化，网络部署更加灵活，成本更低。

云计算的关键技术主要有虚拟化、云原生，以及分布式存储、数据管理、并行编程技术等。

当今，世界已进入算力时代。从 2010—2020 年，全球算力增长了 2300 倍。算力分为基础算力、智能算力、超算算力等，2020 年全球算力总规模为 429 EFlops[1]。其中，基础算力、智能算力、超算算力分别占比为 73%、25% 和 2%。2021 年全球算力总规模达到 615EFlops。预计 2030 年全球算力规模将达到 56 ZFlops，年均增速达到 65%。

基础算力的基础设施为通用数据中心和边缘数据中心，其中通用数据中心的发展比较成熟，主要提供通用算力；边缘数据中心处于发展初期，主要提供低时延算力。智能算力的基础设施为智算中心，处于发展初期。超算算力的基础设施为超算中心，发展比较成熟，主要提供高性能算力。云计算被称作第三次 IT 产业变革，在算力经济时代，云算力正

1　Flops 为每秒执行的浮点数运算次数，1EFlops 为 10 的 18 次方 Flops，约为 5 台天河 2A 超级计算机，或者 25 万台主流双路服务器，或者 200 万台主流笔记本的算力输出。1ZFlops 为 1000EFlops。

在成为最具活力和创新力、辐射最广泛的信息基础设施。随着 5G、工业互联网、人工智能、云计算、大数据等新技术和新应用快速发展，云算力正成为经济社会运行的数字底座，推动各行业各领域数字化转型。根据高德纳咨询公司发布的数据，2021 年全球云计算市场规模增长 29.5%，我国的云计算市场规模增速达到 45%。据 IDC 预测，2025 年全球 49% 的数据将存储在云上，我国企业的上云率将达 85%。5G、边缘计算、人工智能等应用场景需要更加强大的算力作为支撑，高性能云计算平台成为算力输送的新模式，持续提升服务器 CPU 性能是增强算力的关键。

其中，虚拟化技术是云计算中最关键、最核心的技术之一，它按照应用领域又分为计算、存储、网络、桌面、应用虚拟化等，目前，常用的中央处理器（Central Processing Unit，CPU）虚拟化、内存虚拟化和输入 / 输出（Input/Output，I/O）虚拟化均属于计算虚拟化。云原生技术能够在各类云的动态环境中构建和运行可弹性扩展的应用，是云计算的重要发展方向，主要基于容器、微服务、DevOps 三大技术。此外，谷歌和 Hadoop 团队的分布式存储、数据管理、并行编程等技术水平比较领先：在分布式存储方面，谷歌的可伸缩文件系统和 Hadoop 团队开发的开源分布式文件系统应用广泛；在数据管理方面，谷歌的 Big Table 系统和 Hadoop 团队开发的 HBase 数据管理模块应用广泛；在并行编程方面，谷歌开发的 MapReduce 是主流技术之一。

当前，云计算技术发展呈现六大趋势。**一是云原生代表云技术从粗放向精细转型。**技术体系日臻成熟，数字中台是利用云原生技术精细化落地的最佳实践。**二是 SaaS 代表云需求从 IaaS 向 SaaS 上移。**SaaS 将通过增加用户黏性和专业性提升用户使用率，同时，SaaS、IaaS 和独立软件开发商三方将深度合作，共建 SaaS 生态。**三是分布式云代表云架构从中心向边缘延伸。**分布式云已经成为云计算的新形态，边缘侧布局成为重点；云边协同技术体系架构趋于成熟，尽管电信服务商和互联网服务商在云边协同上的布局路径不同，但最终都将为行业带来算力红利。**四是原生云安全代表云安全从外部向原生转变。**原生云安全平台将安全能力逐步从生产向开发和测试等环节延伸，融入从设计到运营的全过程，原生云安全产品由原来的外挂产品逐渐转为内嵌产品，更多地发挥云平台的数据价值，进行安全态势感知、云访问安全代理等。**五是数字化转型代表云应用从互联网向行业生产渗透。**业界加速推进企业技术架构迭代升级，促进传统企业数字化转型。同时，云化管理平台的作用也日渐凸显。**六是云计算既是基础资源也是操作系统，**其作为信息基础设施的一部分，不仅提供虚拟化资源，还以云原生为技术体系，构建面向全域数据高速互联与算力全覆盖的整体架构，全面提升网络和算力能力水平。云计算技术的主要发展趋势如图 2-4 所示。

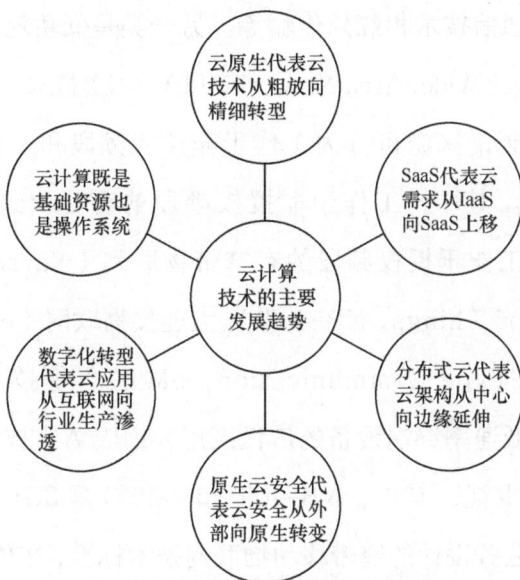

图 2-4 云计算技术的主要发展趋势

2.5 物联网技术

物联网概念被提出后，最初划分为感知层、网络传输层和应用层 3 层，每层对应着相应的技术。随着物联网的不断发展，其技术体系逐渐丰富，一般分为信息感知、传输、支撑、应用 4 类技术。

信息感知技术主要包括射频识别、传感器、定位、多媒体信息采集及二维码技术等，可用于识别、读取信息，每类技术均可以进一步细分。近年来，语音识别、生物特征识别等信息感知与识别技术得到较快发展。

传输技术是指汇聚并传输感知数据的技术，主要分为两类，一类是短距离通信技术，主要有 Zigbee、Wi-Fi、蓝牙、近场通信技术和红外传输等。另一类是低功耗广域网络（Low-Power Wide-Area Network, LPWAN）技术。LPWAN技术按照频谱来源可分为工作于非授权频段和工作于授权频段两种。其中，工作于非授权频段的有LoRa、SigFox等技术，工作于授权频段的有窄带物联网（Narrow Band Internet of Things, NB-IoT）、大连接物联网（enhanced Machine-Type Communication, eMTC）等技术。随着远距离、低速率终端设备的广泛应用，LPWAN技术逐渐受到大家的重视，其中，NB-IoT和eMTC是3GPP专门针对物联网业务设计的窄带移动物联网技术标准，在传输速率、移动性支持、可靠性等方面优于LoRa技术，已成为全球运营商广泛采纳的移动物联网通信标准。NB-IoT支持广覆盖和深覆盖，可覆盖地下室、地下管网等难以覆盖的场景，具有低功耗、海量连接等特点，且具有较高的可靠性及安全性。

支撑技术是用于物联网数据处理和利用的技术，主要包括云计算技术、嵌入式系统、人工智能技术、数据库与数据挖掘技术等。云计算技术是实现物联网应用的关键技术之一，物联网应用上云是发展方向。嵌入式系统将计算机软件和硬件、传感器技术、集成电路技术、电子应用技术等集成为一体，其技术十分复杂。人工智能技术是物联网实现智能化的基础，已经深入物联网应用的各个方面。

应用技术是指支持物联网应用系统运行的技术，主要是根据行业特点，借助互联网技术手段，开发并形成各类行业应用解决方案，构建智能化的行业应用。

IoT 技术本质是一种通信技术。随着移动物联网的快速发展，LPWAN 技术越来越受到重视，LPWAN 的低速率、低功耗、广覆盖和海量连接等特性，已广泛应用在市政、交通、物流、能源、金融等重要领域。

例如，在推动智慧城市发展方面，智慧市政已基于物联网技术实现路灯、充电桩、井盖、消防、停车位、环境监测、POS 机、售卖机、广告牌等基础设施的全面数字化，并结合数据库、全球定位系统等新技术手段，实现城市基础设施更深入地收集、整合、分析各类数据和信息，达到城市管理领域"更全面的感知"。在工业制造行业，移动物联网技术能够提供灵活的数据采集、传输和处理手段，已引入工厂设备维护、环境监控、物流跟踪、物料及安防监控等领域，有效提升了制造质量和管理效率，降低了运营管理成本。在日常生活中，基于移动物联网技术的智能追踪应用已经普及。在家居生活中，越来越多的家庭通过物联网智能连接，构建高效的住宅设施与家庭日常事务管理系统，提升家居生活的安全性、舒适性、便利性、高效性和环保性。

随着 5G 的发展，基于 5G 的物联网技术呈现新的发展趋势。**一是从窄带到宽带，带宽需求。**超高清、VR、AR 等技术融入物联网，物联网行业对于网络带宽的需求越来越高。**二是从混用到专属，行业应用。**5G 时代的行业应用及需求越来越多样化，传统的通过公网来满足行业应用需求的方式难以为继，根据行业应用需求建设专属网络、提供专属服务的情况将更加普遍。**三是从平面覆盖到立体覆盖，地空宽带网络上网、无人机应用。**地空宽带网络上网需求和无人机应用场景等不断发展，对蜂窝网络的空域覆盖提出了更高的要求，物联网将增强立体覆盖能力，满足多样化的场景覆盖需求。**四是主要性能进一步提升，时延、可靠性、安全、定位精度。**5G 物联网的不同应用场景，对时延、可靠性、安全、定位精度等性能提出了更高的要求，例如，远程控制类应用需要更高的可靠性和低时延，无人机应用需要亚米级的定位精度，行业应用需要更高的数据安全性等。5G 物联网技术的发展趋势如图 2-5 所示。

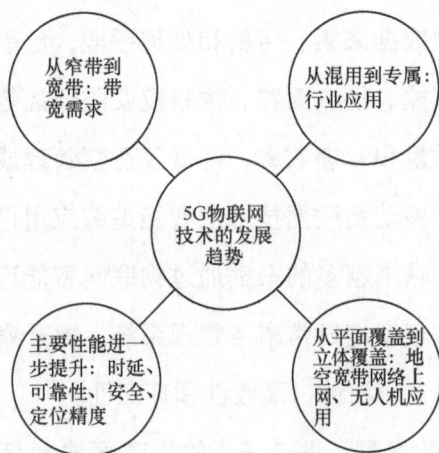

图 2-5　5G 物联网技术的发展趋势

2.6　ABCDEI5G等技术融合

近年来，在信息通信业，ABCDEI5G 新技术呈现相互促进、融合发展的趋势，进一步推进各类技术的成熟应用，共同服务于数字经济发展，促进人类的生产生活方式加速变迁。

前面已经介绍云计算和物联网技术，本节主要介绍人工智能、区块链、大数据、边缘计算等技术与 5G 技术的融合。

人工智能是未来 20 年内的技术发展趋势之一。人工智能的概念诞生于 20 世纪 50 年代，是研究、开发用于模拟、延伸和扩展人类智能的理论、方法、技术及应用系统的一门新技术科学。人工智能的核心问题包括构建与人类思维相似，甚至超越人类的推理、知识、规划、学习、交流、感知、移动和操作物体等能力。人工智能试图了解智能的本质，研究目标是使机器能够胜任一些通常需要人类智能才能完成的复杂工作，并产生一种新的、类似人类智能的方式做出反应的智能机器。该领域的研究包括机器人、图像识别、智能语音、语言处理和理解、规划、决策等。人工智能的发展经历了几次大起大落。直到 21 世纪初，人工智能的主要技术——神经网络技术以"深度学习"为名，在图像识别、语音识别等领域取得了瞩目成就，才重新引起科技界的关注。2016 年，谷歌公司的阿尔法狗围棋机器人打败了人类围棋世界冠军，再次掀起人工智能热潮，并迎来了新一轮技术发展，语音识别、图像识别等技术得到广泛的应用，极大地促进了人工智能产业链的发展。

人工智能的核心技术是机器学习，按学习策略划分，机器学习可分为监督学习、无监督学习、半监督学习和强化学习。随着算力的提升，人工智能的产业应用越来越广泛，虽

第二章 技术演变趋势

然机器人、自动驾驶等全面智能化技术时代已经到来，但还需要海量的数据、更加安全可靠的信息传输等应用场景使其更加成熟，促进人工智能技术大规模、普适性发展及应用落地，全面支撑数字经济社会发展，为人类社会带来全新的智慧生产模式和生活方式。

区块链作为一种独立的技术，最早可以追溯到比特币。区块链也被称为分布式账本技术，是一种互联网数据库技术。通过分布式数据存储、点对点传输、共识机制、加密算法等技术的集成，区块链可以有效地解决传统交易模式中数据在系统内流转过程中的做假行为，从而构建可信的交易环境，打造可信社会。区块链的特点是公开透明，让每个人均可参与数据库记录。近年来，各国政府、国际货币基金组织、标准化组织、开源组织和产业联盟等纷纷加入区块链产业，其应用已由金融领域延伸到物联网、智能制造、供应链管理、数据存证及交易等领域。区块链的产业价值逐渐明确，将为云计算、大数据、承载网络等新一代信息技术的发展带来新的机遇，其构建的可信机制将改变当前社会的商业模式，从而引发新一轮的技术创新和产业变革。

大数据一词被用来描述与海量数据相关的技术发展和创新。在其不同的定义中，"多样性"和"价值"两大特征最受人们的关注。数据的多样性使其存储、应用等方面发生了变化，多样化数据的处理需求成为技术重点攻关的方向。如何挖掘数据中蕴含的价值，将多样化的数据资源转化为有价值的数据资产，是大数据技术要解决的重要问题。大数据技术的发展与应用，对国家的治理模式、社会的组织结构、企业的决策架构、商业的业务策略，以及个人的生活方式都产生了深刻的影响。为此，世界各国纷纷提出大数据规划、计划、政策及项目，推动大数据为国民经济和社会发展服务。

边缘计算是指在靠近数据源或用户的地方提供计算、存储等基础设施，并为边缘应用提供云服务和信息技术环境服务，意在用户近端实现更安全、实时的智能化业务。相比集中部署的云计算服务，边缘计算解决了时延过长、汇聚流量过大等问题，为实时性和带宽密集型业务提供更好的支持。当前，边缘计算已经形成一个OICT[1]产业融合的泛生态环境。在运营技术、信息技术与通信技术融合发展的大背景下，计算、存储、连接资源需要有机结合，为各行业的应用提供端到端的网络和业务承载能力；在运营技术领域，边缘计算一般是从现场业务的实时性和智能化的需求出发，自下而上地向万物互联和泛在智能的工业互联网领域渗透；在信息技术领域，边缘计算将原有的云计算模型的部分或全部计算任务迁移到网络边缘的设备上，降低了云计算中心的计算负载，减小了网络带宽的压力，提高了数据处理的效率；在通信技术领域，电信运营商将网络接入、边缘机房等优势与运营技术、信息技术相结合，拓展边缘计算技术应用场景，提供解决方案。

5G 技术与上述的 ABCDEI 技术之间分别存在原生或互促的密切联系，5G 技术与各类技术融合发展、相互促进，

---

1 OICT：O 指 Operational（运营）、I 指 Information（信息）、C 指 Communication（通信）、T 指 Technology（技术）。

形成新的技术发展方向，创新出新的商业模式。例如，5G引发了人工智能应用爆发式增长，有效地帮助了人工智能技术解决规模推广过程中面临的用户端设备成本高、数据获取难度大、数据质量参差不齐、信息传输安全可控性不佳等问题，为构建数字经济社会做好全面支撑。同样，人工智能赋能5G，有效解决了5G网络运维复杂度高、网络设备能耗高、业务灵活性需求高、网络状态变化多等技术挑战，提升网络智能化能力。例如，5G与云计算融合，在云上构建网络，网元按照云原生设计，能够实现敏捷化的网络部署，大幅提升通信业务创新、产品上线及服务响应速度，降低软件开发的成本。同样，5G的超大带宽能力产生了更多应用，直接推动了云业务的发展；5G的低时延、本地分流等特性，推动了云计算向网络边缘延伸；5G局域网和网络切片等特性，更好地满足了云业务的隔离需求。例如，5G与大数据技术相互促进、协同发展，5G网络的增强型移动宽带（enhance Mobile Broadband, eMBB）、超可靠低时延通信（ultra-Reliable and Low-Latency Communication, uRLLC）、大连接物联网（massive Machine-Type Communication, mMTC）三大技术，进一步增强了大数据的4V特性：eMBB将大幅增强大数据的海量数据规模特性；uRLLC将大幅增强大数据的高速数据处理特性；mMTC将成倍扩展大数据的多样数据类型特性；5G网络的产业联合创新特性将深入挖掘大数据的应用价值特性。同样，大数据技术也能进一步提升5G网络运营与运维工作的自动化、智能化能力，降低网络运维的成本。

2.7　新技术发展趋势

2022 年 10 月，Gartner 公司发布企业机构 2023 年需要探索的十大战略技术趋势，指出今后几年企业运用的主要信息通信技术及其发展特点，对信息通信业技术发展、技术供给具有较高的参考价值。

Gartner 公司认为，可持续性贯穿所有战略技术趋势，企业机构需要新的可持续技术框架来提高 IT 服务的能源和材料效率，通过可追溯性、分析、可再生能源和人工智能等技术实现企业的可持续发展，同时还要部署帮助用户实现其可持续性发展目标的 IT 解决方案。因此，Gartner 公司将可持续技术列为企业所有战略技术的通用技术标准。此外，Gartner 公司按照创新、优化和发展 3 个维度，对元宇宙、超级应用、自适应 AI、数字免疫系统、应用可观测性、AI 管理、行业云平台、平台工程、无线网络技术 9 项技术进行了深度分析。

从创新维度出发，Gartner 公司将元宇宙放在首位，预测完整的元宇宙将独立于设备并且不属于任何一家厂商。它将产生一个由数字货币和非同质通证（Non-Fungible Token，NFT）推动的虚拟经济体系。Gartner 公司预测，到 2027 年，全球超过 40% 的大型企业或机构将在基于元宇宙的项目中使用 Web3、增强现实云和数字孪生的组合来增加收入。其次是超级应用。Gartner 公司将超级应用定义为一个集应用、平台和生态系统功能于一身的应用程序，强调它并不仅限于移动用户端，不仅有自身的一套功能，而且还能为第三方提供开发和发布微应用的平台。Gartner 公司预测，到 2027 年，超级应用的日活跃用户合计数将占全球人口的 50% 以上。第三是自适应 AI 技术。具备自适应 AI 技术的系统能够反复训练模型，在运行和开发环境中使用新的数据学习，并能够根据实时反馈，动态调整学习内容和目标，以迅速适应外部环境的不断变化，提高响应的速度。

从优化维度出发，Gartner 公司重点关注数字免疫系统、应用可观测性和 AI 管理这 3 项技术。其中，数字免疫系统是指通过结合数据驱动的运营洞察、自动化和极限测试、自动化事件解决、IT 运营中的软件工程，以及应用供应链中的安全性，提高系统的弹性和稳定性。Gartner 公司预测，到 2025 年，具有数字免疫系统的企业或机构将减少超过 80% 的系统宕机时间。Gartner 公司将应用可观测性作为数据驱动型决策的强大来源，指出应用可观测性是以一种高度统筹和整合的方式，将企业日志、痕迹、API 调用、下载和文件传输等可观测的特征数据进行反馈，创造出一个决策循环，从而提高组织决策的有效性。Gartner 公司强调，企业机构必须加大人工智能风险的管理力度，加强数据保护，必须使用新的人工智能管理技术，保证人工智能模型的可靠性、可信度、安全性。

从发展维度出发，Gartner 公司认为行业云平台、平台工程、无线网络技术是战略发展的重点。企业通过建设行业云平台，组合 SaaS、PaaS、IaaS 功能，形成行业模块化能力，并以此为基础拓展差异化的数字业务项目，提高敏捷性，推动企业创新。Gartner 公司预测，到 2027 年，超过 50% 的企业将使用行业云平台。同时，企业将建立内部开发者平台，优化开发者体验，支持软件交付和生命周期管理，加快产品开发速度。Gartner 公司预测，到 2026 年，80% 的软件工程组织将建立平台团队，其中，75% 的软件工程组将包含开发者自助服务门户。在无线网络环境中，企业将使用一系列无线解决方案来满足办公室 Wi-Fi、移动设备服务、低功耗服务，以及无线电连接等场景的需求。Gartner 公司预测，到 2025 年，60% 的企业将同时使用 5 种以上的无线网络技术。同时，网络功能将不再仅限于连接，其内置的分析功能能够为企业满足洞察需求，从而直接提升商业价值。

第二章　技术演变趋势

第三章

市场发展方向

全球信息通信业普遍具有技术密集型、价值密集型等特征，但因为经济社会环境、科技发展和资源要素禀赋等不同，所以全球各国对信息通信业的分类存在差异，各国信息通信业的发展情况也存在差异。2008 年，联合国统计委员会公布《国际标准产业分类》（ISIC Rev4），新设立 J 门类为信息和通信业，作为 21 个最高级别的产业类别之一，其主要包括出版活动、电影和录音活动、电台和电视广播及节目录制活动、电信活动、信息技术活动等。这一分类将电信业、互联网业、新闻媒体业、电子制造业、软件服务业等均纳入信息通信业，这与美国、加拿大、墨西哥 3 国联合制定的《北美产业分类体系》基本一致。我国在 2019 年《国民经济行业分类》（修改版）中，将信息通信业主要分为 3 类服务，即电信、广播电视和卫星传输服务，互联网及相关服务，软件和信息技术服务。本章讨论信息通信业的发展方向时，将重点围绕电信行业和互联网行业。

3.1 电信市场发展

20 世纪 80 年代之前，全球电信业平稳发展。随着移动通信和互联网技术的快速成长，到了 20 世纪 90 年代，电信业进入高速发展时期，显现出对经济社会发展的强大推动作用，电信技术站到了高新技术的前沿。20 世纪 90 年代末期，互联网的快速发展产生了巨大的"泡沫"；2000 年，互联网泡沫破灭，包括互联网在内的很多高新技术产业受到很大的打击，使固定电话和移动通信市场的发展也受到了一定

程度的影响，对通信市场发展领先的国家影响更大。而全球
发展领先的电信运营商、设备商等还遭受基础建设投资过度、
投资并购企业失败、巨资购买 3G 牌照背负沉重债务等多重
打击，很多企业陷入经营困境。例如，2000 年下半年，美
国有 44 家通信公司合计负债超过 3000 亿美元，相当于它
们同期销售收入的 97%。2003 年，美国的光纤利用率只有
10%。由电话发明者贝尔创建的全球最大的光通信设备供应
商、加拿大的北电网络公司的股价从最高时的 124 美元下跌
到不足 2 美元。2000 年，一些电信企业为了竞标英国、德
国等欧洲国家的 3G 牌照，共计投入 1000 亿美元。其中，
英国 3G 牌照拍卖总价为 353 亿美元，德国为 460 亿美元。

此后，经过 4～5 年的调整，全球通信市场在中国、
印度等发展中国家的快速发展与带动下逐渐恢复正常。从
2001 年开始商用的 3G 业务，也逐渐得到快速发展。到
2004 年 12 月底，全球正式商用的 3G 网络超过 150 个，
3G 用户数超过 1.3 亿。到 2006 年 6 月，全球商用的 3G 网
络接近 300 个，3G 用户数近 4 亿。

2006 年，3G 高速分组接入（High-Speed Packet
Access，HSPA）技术大规模商用，WiMAX 宽带无线接入
技术作为固网宽带的补充，也有一定规模的商用。以这两种
技术驱动为主，移动宽带应用加快发展步伐，信息通信业呈
现融合发展趋势。一方面，电信运营商的数据业务收入快速
增长；另一方面，互联网行业的业务向信息通信业渗透，互
联网流量持续快速增长。而在电信行业内部，移动电话替代

固定电话的趋势已不可避免。

2007 年，全球互联网用户数不断增长，视频内容迅速增加，互联网流量让电信运营商的骨干网络承受着巨大的压力，电信运营商在进行网络带宽升级的同时，开始尝试交互式网络电视（Internet Protocol Television，IPTV）业务，开展点播服务，希望能进入电视传媒市场。这一年，对电信行业影响最大的事件是苹果公司的 iPhone 在 6 月正式销售，一上市就受到人们空前欢迎，正如 iPhone 的宣传语所说"再次改变世界"。

2008 年是全球电信行业的一个大的转折点。这一年，受金融危机影响，全球电信业增速下滑，全球电信业收入增长 3.8%，增速较 2007 年下降 1.1 个百分点。发达国家的电信业收入受到的影响更大。但危机中孕育着变局，全球电信业由此进入大融合、大变革和大转型时期。

一是拉开新的业务大融合帷幕。从信息通信技术（Information and Communication Technology，ICT）产业链型向 TIME[1] 生态系统型转变，电信产业（T）、互联网产业（I）、媒体产业（M）、娱乐产业（E）呈现融合发展的趋势，共同构建新的"TIME"生态系统。一方面，内容服务商不断创新推出融合的新业务，互联网、IT 企业加快进入信息通信行业的步伐。苹果公司创新推出 iOS 操作系统和应用，并采用与手机应用开发者三七分成的制度，由此开

1　TIME（Telecom，Internet，Media and Entertainment，电信、互联网、媒体和娱乐）。

启移动互联网应用市场；传统手机制造商诺基亚公司全面进入互联网内容服务市场；互联网搜索头部企业谷歌开始推广开源移动终端操作系统 Android。另一方面，电信运营商加快拓展新业务领域，以合作方式向用户提供新的融合业务。例如，中国电信与华纳、百代、环球等 8 家唱片公司联合发布全新数字音乐服务——爱音乐（iMUSIC），进入在线数字音乐市场。在大融合的趋势下，电信运营商开展全业务运营成为必然选择。

二是开启网络技术大变革。3G HSPA 技术全面商用，加速向 LTE 演进。宽带接入网络正在发生深刻变化，GPON 作为新一代的光接入技术，将取代以铜缆为主的 x 数字用户线（xDigital Subscriber Line, xDSL）技术，实现光进铜退，支持大带宽、全业务发展。通信网络朝着全 IP 化的方向演进。

三是显示出整个行业大转型趋势。随着全球移动终端产业链成熟，手机价格下降，全球移动通信用户快速增长。截至 2008 年年底，全球移动用户已接近 40 亿户，在两年半时间内增长了近 15 亿户。移动业务对固定业务的替代趋势更加明显。固网运营商受到移动通信、IP 通信等业务冲击，用户和收入增速放缓，面临业务、技术转型的迫切需求。

2009 年，全球电信业大转型的趋势更加明显。这一年，全球电信业收入增长约 4.0%，较 2008 年略有回升。其中，固定话音业务收入降幅最大；移动话音业务收入首次下降，降幅为 0.11%；移动数据业务收入同比增长了 15.87%。固定电话用户基本无增长，宽带接入用户快速增长；固定宽带接入用户同比增长 16.5%，移动宽带接入用户同比增长 39.4%。

2010 年，全球电信业逐渐走出金融危机的影响，收入同比增长 2.8%，其中，发达国家的电信业收入增长 0.4%。宽带网络、移动网络投资恢复到金融危机前的规模，经营利润普遍改善。宽带接入市场加快发展，发达国家普遍开始实施国家宽带计划。例如，美国建立了 155 亿美元的"连接美国基金"支持宽带服务。巴西、印度等发展中国家也发布了国家宽带计划。3G 市场不断成熟，截至 2010 年年底，全球 3G 用户达到 8.2 亿户。发达国家已开始大规模运用 3G 业务，例如，日本的 3G 用户渗透率已接近 95%。在 3G 业务的带动下，互联网的产业结构发生变化，智能终端和应用成为产业发展的重心，应用程序商店主导移动互联网的发展。与此同时，移动互联网、云计算、物联网等业务初步形成发展规模，电信业发展前景一片光明。

2011 年，全球电信行业继续深化调整，互联网新技术、新应用、新模式加速信息通信业由封闭产业链向开放平台运作模式转型。全球约有 54 家电信运营商推出了 LTE 商用服务，Wi-Fi 全面兴起，成为移动通信网络的重要补充。宽带等通信基础设施在各国政策的推动下明显增长，2011 年，全球新增固定宽带用户 6400 万户，是 2008 年金融危机以来的最高水平。移动互联网应用市场全面爆发，电信企业在借助移动数据获得稳健增长的同时，也在积极探索业务创新和网络智能化转型。

2012 年，电信行业加快发展近场通信支付业务和物联网业务，伦敦奥运会进一步推动了社交媒体的发展，LTE 运营商扩展到 100 多家，开始完善 LTE 网络，控制数据业务流量。而随着移动数据业务流量的快速增长，电信运营商承受着巨大的网络压力，断网等网络安全事件频繁发生。为摆脱业务收入和利润增长的困境，较多欧美电信企业出售电信业务和核心资产，加大对互联网和数字媒体产业风险投资并购，探索新的发展空间，并尝试同过顶传球（指互联网公司使用电信运营商的宽带或移动网络，并越过电信运营商发展各种数据业务，来替代电信业务的现象）服务商展开合作，推出新的移动互联网应用。

2013 年，全球电信行业继续加快部署 LTE 网络，进一步扩大 LTE 的覆盖范围，同时也带来了巨大的网络基础设施建设成本。4G 时代的到来给电信运营商带来新的发展机会，但移动互联网的流量收入增长无法弥补传统业务快速下滑的损失。2013 年第三季度，全球电信运营商的收入为 4749 亿美元，同比下降 0.9%。在国内电信运营商中，中国移动 2013 年年度的业绩报告显示，其利润也出现了 14 年来的首次下降，降幅达 5.9%。在积极拓展移动互联网新兴业务市场的过程中，电信运营商与互联网企业的业务冲突加剧，互联网企业显示出产品、营销等方面的灵活性，在新业务拓展中占据上风。电信运营商最初的想法是全面进入移动互联网领域，唯恐错失一个机会，但事实证明，移动互联网用户的控制权不在电信运营商，而在互联网企业。电信运营商被"管道化"的趋势已经不可避免。

2014 年，全球电信业收入增长由负转正，移动业务收入超过固定网络业务收入，数据业务收入超过语音业务收入，移动数据业务成为增长引擎。光纤宽带进入普及期，成为拉动固网业务的核心动力；光纤宽带在固定宽带用户中的占比持续提升，从 2008 年的 11% 增加到 2014 年的 34%。面对日益激烈的业内竞争和跨界竞争，电信运营商持续开展结构性变革与创新：一是开展流量经营以实现服务增值；二是拓展云计算、物联网等新业务；三是开展并购交易，通过并购迅速补齐拓展新领域所需的关键资源和能力，延伸至产业链上下游企业。2014 年，全球电信业并购交易规模达到十年来的最高值，例如，日本软银集团并购 Sprint 进军美国通信市场，同时还并购韩国视频网站 DramaFever；美国 AT&T 公司收购 Direc TV 有线电视公司等。

2015 年，全球电信业面临更加严峻的移动互联网业务替代，再次陷入收入增长放缓的困境。为摆脱困境，电信运营商继续开展大规模并购活动，并加强移动互联网领域的合作，例如，在视频内容方面，英国 BT 公司与 Idomoo 公司合作，新加坡电信与索尼影业等合作，提升视频服务能力；在媒体内容方面，美国 Verizon 公司收购了著名门户网站——美国在线；在移动支付领域，美国的 AT&T、T-Mobile、Verizon 这 3 家电信运营商放弃自建平台，改为与谷歌合作，使用其钱包业务。此外，电信运营商持续提升流量经营能力，并加大拓展云计算、物联网等新业务的力度。

2016 年，全球电信运营商开启数字化转型之路，迫切希望通过构建新生态来应对传统语音业务下滑的挑战，实现新增长。其中，人工智能、物联网等技术成为热点。德国发布《数字化战略 2025》，英国出台新《数字经济法案》，韩国公布《韩国 ICT 2020 五年战略规划》，日本经济产业省发布了利用人工智能和机器人等最新技术促进经济增长的"新产业结构蓝图"中期整理方案。6 月，3GPP 通过了 NB-IoT 核心协议标准，进一步推进 NB-IoT 业务的发展。10 月，美国 AT&T 公司宣布收购时代华纳计划，布局视频内容产业。同时，德国电信、西班牙电信等电信运营商加快发展云业务。中国电信、中国联通、中国移动 3 家电信运营商陆续发布网络重构计划，引入云计算、SDN、NFV 等技术，构建随需网络。

2017 年，电信行业新技术、新业务、新服务不断涌现，物联网加速发展，视频业务流量爆发，电信行业通过网络、技术等共享推进数字化发展，成为自身发展的主要驱动力。在移动通信方面，4G 网络已经成为移动宽带的主流网络；5G 标准制定与频谱规划获得突破性进展，北美、欧洲、中国、日本、韩国等国家和地区全面铺开 5G 设备测试与实验网络试点。在固定通信网络方面，光纤通信网络全面普及，全球千兆网络超过 500 张，美国多家宽带运营商推出了千兆宽带服务。在快速发展过程中，移动通信频谱重耕、光纤通信等资源共享成为行业发展的共识，欧盟推进 700MHz 频谱共享，印度电信运营商推进天线、电缆、传输系统等电信基础设施的共享。

2018 年，物联网产业链发展持续推进，视频业务强劲增长，人工智能技术加速渗透，"企业上云"带来新的市场机遇。在移动通信方面，4G 网络深度覆盖，微基站和室内分布建设成为重点。在光宽带网络方面，全球宽带网速进一步提升。根据美国对全球 200 个国家和地区的一项联合测试，2017 年 5 月至 2018 年 5 月，全球宽带的平均速率为 9.1Mbit/s，同比提升 23%。在物联网方面，更多的电信运营商同时部署 NB-IoT 和 eMTC 两类网络，推动传感器、摄像头、智能终端、平台及应用等产业链各环节快速发展。视频业务持续强劲增长，一方面，视频业务电信运营商被拖入移动通信网络"不限流量"竞争，深度参与视频内容经营；另一方面，家庭视频市场挤压有线电视运营商，造成传统有线电视业务持续下降。人工智能技术加速渗透网络维护、网络优化、用户服务、经营管理等流程，云服务的概念被越来越多的企业接受，"云网协同"的优势初步显现，大量企业开始上云，实现降本增效。

2019 年，全球电信业最大的热点是 5G，5G 商用成为各国数字经济发展的新引擎。2019 年年底，全球有近 40 家电信运营商正式商用 5G。各国政府纷纷加大对 5G 政策的扶持力度，美国制定了长期国家频谱战略；日本政府在未来两年内，将从法人税中直接扣除基站建设投资额的 15%，或将投资额的 30% 列入通信设备折旧，抵消电信运营商应纳税额；英国政府推出商业竞赛项目，推动 5G 应用发展。5G 技术具有大带宽、低时延、大连接等优势，给用户带来的直观感受是网络速率的跃升。与 5G 发展的火热程度相比，电信运营商在视频、在线广告等领域的业务转型遭遇挫折。例如，美国电信运营商 Verizon 投入巨资，于 2017 年打造的在线广告子公司 Oath，在两年多的时间内，Oath 运营效果并不理想，Verizon 只好将 Oath 的业务重新并入集团业务并裁员，同时关停视频服务 Go90。AT&T 公司的视频类业务发展同样不理想，用户流失严重，影响公司的整体业绩。

2020 年，信息通信技术和云计算、物联网等新技术应用加速发展。一方面，数字经济加速发展，5G 和云计算技术成为关键。我国引领 5G 网络建设和发展，全国建成 5G 基站超过 60 万个，推动 5G 垂直行业应用广泛开展。与此同时，5G 巨大的投资和运营支出问题在全球凸显。云计算的行业价值从连接向应用和服务加速转移，应用、服务、平台等加快云化，电信运营商加快云网融合的进程，加快大数据融合应用和云化改造，广泛提供云产品和云服务。另一方面，信息通信业跨界竞争不断加剧，行业竞争主体更加多元化。互联网行业的发展重心逐渐转移，头部企业抢先进入"下半场"——产业互联网的发展，加大建设信息基础设施的力度，加快进入行业信息化领域，互联网公司、云计算公司和设备制造商等纷纷加入竞争行列。

2021 年，全球新一轮科技革命和产业变革深入推进，5G、工业互联网、云计算、大数据、人工智能等新一代信息通信技术加快创新突破和融合渗透，加快实体经济数字化、网络化、智能化进程。我国引领"5G + 工业互联网"发展，努力突破各种技术瓶颈，促进 5G 产业生态繁荣，推进 5G

应用赋能千行百业。电信运营商加快技术融合创新步伐，推动网络向云化、智能化、场景化转型。建设云网融合及计算、存储、连接等能力融合的新型云网一体基础设施，推动网络架构开放、网络组织柔性、网络功能智能，提高资源配置效率和业务灵活性，推动网络规划、建设、维护、优化等功能智能化，推进网络架构、数据、算力的协同发展。网络切片、边缘计算等技术规模化应用，5G-TSN、确定性网络等逐步成熟，正在快速构建面向不同行业应用场景的网络。

在 2021 年《财富》世界 500 强排行榜中，全球共有 16 家电信运营商上榜。其中，美国有 4 家企业，中国和日本各有 3 家企业，英国有 2 家企业，德国、法国、西班牙、墨西哥各有 1 家企业。在 2022 年《财富》世界 500 强排行榜中，全球上榜的电信运营商仍有 16 家，其中，美国、中国和日本的上榜企业数量未变，排名有局部调整，英国电信已跌出榜单。

现代电信业主要发展历程如图 3-1 所示。

图 3-1　现代电信业主要发展历程

当前，全球电信运营商市场发展展现 4 个特点。**一是 5G 发展拉开差距**。截至 2021 年年底，我国 5G 套餐用户渗透率达到 44.3%，在全球领先；韩国 5G 套餐用户渗透率超过 30%。中国、韩国是全球 5G 发展的第一阵营。美国和日本的 5G 套餐用户渗透率超过 10%，是全球 5G 发展的第二阵营。欧洲各国的 5G 套餐用户渗透率普遍不足 10%，是全球 5G 发展的第三阵营。**二是美国电信运营商显示回归基础电信业务的发展趋势。**全球第一大、第二大电信运营商，也是美国第一大、第二大电信运营商的 AT&T、Verizon，近年来调整发展战略，重新聚焦 5G 和光宽带业务发展。AT&T 提出的中期战略目标是成为美国最好的宽带提供商，出售其视频及娱乐业务，加大 5G 和光纤网络建设投资。Verizon 提出了大规模网络即服务战略，剥离其媒体业务，聚焦 5G 发展。**三是欧洲、日本的电信运营商加大产业数字化发展的力度。**5G 频谱拍卖和复杂的监管环境导致欧洲 5G 发展的进程缓慢，欧洲主流电信运营商加快产业数字化布局，例如，德国电信重点拓展汽车、医疗、公共服务和交通四大行业；沃达丰加快企业市场发展布局，推出中小企业数字化解决方案；西班牙电信成立数字业务公司（T-Tech），以网络安全、云计算、物联网、大数据等领域为发展重点，推出产品和服务。日本政府先是提出 2023 年 5G 网络人口覆盖率达到 90% 的目标，又于 2022 年 3 月将目标上调至 95%，推动日本第一大电信运营商 NTT DoCoMo 战略重组，重组后的 NTT 提出到 2025 年，政企业务和智慧生活业务的收入合计占比将超过 50%。**四是韩国致力于 5G/6G 持续领先，培育元宇宙等新产业发展。**韩国政府发布培育 5G 生态计划，加快推进 6G 的研发，并于 2022 年 1 月发布《元宇宙新产业领先战略》，提出在未来 5 年内将韩国元宇宙在全球的市场份额排名由 2021 年年底的第 12 位提升至第 5 位，由此带动韩国 ICT 产业占 GDP 的比重由 2021 年年底的 11.7% 提升至 16%，并制订打造世界级的元宇宙平台、培养元宇宙企业及人才等战略目标。

3.2 互联网市场发展

互联网的前身是阿帕网，隶属于美国国防部高级研究计划局（Advanced Research Projects Agency，ARPA），起源于 20 世纪 50 年代。1969 年，阿帕网第一期工程投入使用，当时只有 4 个节点。1970 年，阿帕网开始向非军用部门开放，接入高等院校和商业部门，网络工作组制定出主机对主机的通信协议——网络控制协议。1971 年，阿帕网扩充到 15 个节点。这一年，电子邮件被发明，键盘上一个以往经常被忽略的符号"@"成为网络的代名词。1974 年，ARPA 的工程师开发出 TCP 和互联网协议（Internet Protocol，IP），定义了在计算机网络之间传送信息的方法。1977 年，网络调制解调器出现，这时的主机数量突破了 100 台。1978 年，计算机电子公告牌系统（Bulletin Board System，BBS）产生。1983 年 1 月，阿帕网核心协议由网络控制程序变为 TCP/IP，TCP/IP 等技术成为现代互联网的核心。1984 年，域名系统（Domain Name System，DNS）和 DNS 服务器出现。1986 年，美国国家科学基金会资助建成基于 TCP/IP 技术的主干网 NSFNET，形成了世界上第一个互联网，且迅速连接到全球，主机数量达到 3 万台。1988 年，Morris 蠕虫病毒出现，这是第一次互联网恶意攻击。1989 年，蒂姆·伯纳斯·李发明了万维网（World Wide Web）；1990 年，他制作出世界上第一个网页浏览器。1991 年，全球第一个网站在欧洲粒子物理实验室正式上线；1993 年，该实验室宣布万维网免费对所有人开放。

20 世纪 90 年代初，Web 技术和相应浏览器的出现，互联网的发展和应用开始飞速发展。1994 年，网景浏览器和互联网门户网站雅虎诞生。1994 年 4 月 20 日，我国将主干网络——中关村地区教育与科研示范网络通过美国 Sprint 的 64kbit/s 的专线，实现了与国际互联网的全功能连接，成为国际互联网大家庭中的第 77 个成员。中国的互联网时代由此开启。

1995 年，美国在全球率先推动互联网商业化进程。eBay 开创用户对用户（Customer to Customer，C2C）交易模式，亚马逊开始运营亚马逊网站并销售书籍。Java 和 Java Script 编程语言开始为大众所使用；微软公司发布 Windows95 操作系统和 IE 浏览器，从此开启 Windows 操作系统垄断计算机的时代。1995 年 5 月，上海出现我国第一家网吧——威盖特，当时上网的价格为每小时 40 元。1995 年 8 月，发明浏览器并提出网上冲浪概念的网景公司在美国正式上市，并在半年内实现市值增长 10 倍。这一年，我国第一家互联网公司——瀛海威时空在北京成立，其竖立在海淀区白颐路南边街角处的广告牌"中国人离信息高速公路有多远？——向北 1500 米"，成为那个时代我国拥抱互联网的标志。

1996 年，世界上第一个免费网页邮箱—Hotmail 出现，一年之后被微软收购并更名为 MSN Hotmail。1996 年 4 月，雅虎公司在美国上市，随后的两年内市值增长了 10 倍。同年 8 月，我国第一家从事中文互联网内容和技术开发的爱特信电子有限公司成立；1998 年 2 月，该公司建立搜狐网。

1997 年 5 月，亚马逊在美国上市，随后的一年内市值增长了 10 倍。同年 6 月，我国出现了提供全中文搜索引擎服务的网易；半年之后，网易推出免费电子邮件服务和免费域名系统。

1998 年，谷歌成立，之后两年内，谷歌建立了 10 亿个网页的索引，成为全球最大的搜索引擎；美国在线以 42 亿美元免税换股的方式收购网景浏览器，以 2.87 亿美元收购即时通信软件 ICQ。同时期，我国四大门户网站中的新浪网、搜狐和从事即时通信服务的腾讯公司成立，当时腾讯公司的产品是 OICQ。

1999 年 8 月，Blogger 网站出现。同年 9 月，阿里巴巴成立。

1990—2000 年，美国的互联网用户数占总人口数的比重从 0 发展到接近 50%，约 1.2 亿人。2000 年 12 月，我国的互联网用户约为 2250 万人。

2000 年 3 月 10 日，美国纳斯达克指数达到历史最高点（5132 点）。3 月 20 日，金融杂志《巴伦周刊》（Barron's）发布了一篇名叫《烧光》（Burning Up）的封面文章，指出在调查的 207 家互联网公司中，71% 的公司的利润为负值，51 家公司的现金会在 12 个月内用完。这篇文章的发展和美国司法部宣布微软垄断市场的消息引起投资者恐慌性抛售，不到一个月，纳斯达克指数下跌超过 25%，互联网泡沫开始破灭，全球互联网行业受到沉重打击。在整体环境极为不利的情况下，部分互联网企业仍然获得了较好的发展商机。例如，2000 年 6 月，雅虎与谷歌签订了 4 亿美元的搜索外包协议，为谷歌创造了发展良机；10 月，谷歌推出了直接面向企业用户的搜索广告业务 AdWords。在我国，出现了更多对互联网行业发展的利好消息，最关键的是，中国移动推出了移动梦网 "Monternet" 业务，将互联网门户网站和移动服务合为一体，这一业务模式在很大程度上拯救了中国互联网行业。以腾讯为例，当时拥有 1 亿多 QQ 用户的腾讯成为中国移动的增值服务供应商（Service Provider, SP）后，主要依靠移动梦网 "Monternet" 业务模式，在 2001 年实现收入 4907.6 万元、净利润 1021.6 万元，从此走上盈利阶段。同样在这一年，全球最大的中文搜索引擎——百度成立；日本软银集团向成立仅一年的阿里巴巴投资 2000 万美元。

在互联网泡沫破灭的两年多时间里，纳斯达克指数下跌超过 75%，市值跌了 5 万亿美元，美国 52% 的互联网公司宣布破产。互联网泡沫破灭对美国互联网行业发展的影响持续到 2003 年，直到 2003 年 9 月，社交网站 MySpace 出现，才带动了社会化网络服务（Social Networking Services, SNS）的发展，继而为互联网行业发展找到了新的方向。但是中国的互联网行业并没有因此受到太大的冲击，2001—2003 年，搜狐、新浪、网易三大门户网站平稳发展。2001年 9 月，百度正式推出中文网站。2002 年 8 月，"blog" 被命名为"博客",博客中国(blogchina)开通。2003年第一季度,阿里巴巴的注册用户增长了50%,网站点击量增长了30%;随后,阿里巴巴推出C2C淘宝服务。

2004年,SNS开始在全球流行。2月,Facebook成立,在美国大学校园广受欢迎,很快在MySpace之外开辟了一个全新的社交市场。社交网络改变了信息传播的模式,极大地拓宽了信息获取和传播的渠道,这一概念也迅速在中国市场引起了反响。同时,中国市场上产生了网络游戏这一互联网盈利模式。5月,中国网络游戏概念第一股——盛大网络公司在美国纳斯达克上市。

2005年,随着博客的迅速发展,Web2.0概念深入人心。在美国,Blogger作为最大规模的博客服务提供商,自2003年被谷歌收购后,其发展受到限制。在中国,博客却刚刚兴起。2005年5月,新浪推出新浪博客,与博客中国(2005年7月更名为博客网)共同开辟博客市场;12月,中国第一个校园社交网站——校内网成立。

2006年,网络视频用户生成内容(User Generated Content,UGC)时代来临。2005年2月,美国视频分享网站YouTube创立。2005年4月,中国的网络视频平台土豆网上线。2006年,谷歌收购YouTube的消息进一步刺激视频行业的发展,截至2006年年底,中国的视频网站已经发展到300多家,其中,16家网络视频企业共计得到超过1亿美元的风险投资。与此同时,美国社交网络及微博客服务公司Twitter(推特)出现,推动了SNS的发展。

2007 年，iPhone 的发布重新定义了手机的外观。

2008 年，美国次贷危机爆发，形成全球金融危机。6 月，苹果公司推出了支持 3G 网络的 iPhone 3G 手机，开启了移动互联网时代。

同年 11 月，团购网站 Groupon 上线，其商业模式特点为线上线下相结合，以网友团购为经营卖点，引起了全球关注。2009 年，Groupon 业务拓展到 49 个国家的 500 多个城市。

2009 年 5 月，iPhone 正式进入中国市场。同年 12 月，谷歌推出了基于 Linux 的开源操作系统——Chrome，与微软争夺在计算机操作系统上的地位。

2010 年 1 月，中国第一家团购网站满座网正式上线。同年 3 月，美团网、拉手网上线，淘宝推出"聚划算"团购业务。此后，搜狐、腾讯、新浪等互联网巨头纷纷推出团购业务，各类生活资讯、新闻媒体、金融服务等网站形成"千团大战"之势。

2011 年 2 月，Groupon 与腾讯合资成立高朋网，进入中国市场；8 月，Groupon 未能成功上市，资本市场开始收缩对团购业务的投资。此时，我国团购网站的数量已超过 5000 家。在抢夺市场的过程中，团购网站也进行了大规模"洗牌"，一年之内团购网站锐减到 1000 家以内。2011 年，中国最大的社交软件——微信上线了。随着智能手机逐渐普及，移动应用迎来了飞速发展，同年，手机用户使用移动应用程序的时间首次超过了使用浏览器的时间，所有移动应用程序商店都出现了业务量翻倍的显著增长，苹果

App Store、谷歌 Android Market 和微软 Windows Phone Marketplac 的总体销售规模排全球前 3 名，形成三足鼎立的局势，苹果 iPhone Store 的每日应用程序下载量超过 500 万次。

2012 年，移动互联网时代全面来临，App 成为移动互联网应用服务的主导形态，并基于超级应用平台的服务体系迅速拓展，移动互联网入口成为关键。手机地图、即时通信、餐饮、娱乐、购物、旅行、支付等各类 App 层出不穷，抢夺移动互联网入口。移动社交应用快速发展，美国图片分享网站 Pinterest 受到全球用户的欢迎；10 月，全球第一大社交软件 Facebook 的月活跃用户超过 10 亿人。移动视频带动了视频业务的发展，全球第一大视频网站 YouTube 的月访问用户超过 8 亿户，YouTube 每月视频浏览时间达到 40 亿小时。在中国，手机上网用户首次超过计算机上网用户；微信以英文名 "WeChat" 进入国际市场，同年，微信用户数增长了 3 倍多。互联网公司成为数据流量之王，OTT 业务强烈冲击了传统电信业务，电信运营商成为 "管道" 的趋势逐渐清晰。

2013 年，线上到线下（Online to Offline，O2O）业务快速发展，最先改变的是 "一站式" 出行平台行业。美国车辆出行应用公司——优步继续国际化运营进程，进入 25 个国家的 70 余个城市。中国市场上，"一站式" 出行 App 兴起，30 多种 App 展开了打车 "补贴大战"。

2014 年，我国市场的 O2O 业务全面向线下延伸，出行、餐饮、教育、医疗等行业成为投资重点，互联网金融业务兴起。出行 O2O 出现了打车、专车、代驾、拼车、租车等应用；餐饮 O2O 出现了团购、外卖、预订点餐、到家服务等应用；在线医疗出现了诊断、挂号、保健、医药、美体、美容等应用。美国市场的移动社交应用持续快速发展，图片和短视频内容占据主导地位，同时，使用两个以上社交网络的美国用户占比达到了 52%，相比 2013 年增长了 10 个百分点。Facebook 收购手机社交软件 Whats App，其市场领先地位更加明显，截至 2014 年年底，Facebook 的月活跃用户达到 13.9 亿户，用户平均每天登录该应用 5.6 次。排名前 5 的社交应用分别为 Facebook、Pinterest、Linked In、Instagram、Twitter，用户使用率分别为 71%、28%、28%、26%、23%。Dropbox、Google Drive、SoundCloud 等网络文件存储和分享的社交也在同步发展，并进一步扩张市场份额。

2015 年，中国市场的资本投资收缩，BAT（百度、阿里巴巴、腾讯）形成各自的生态布局。一方面，微信和支付宝全力抢占线下使用场景，改变用户支付的习惯。另一方面，在资本市场的推动下，各行业头部公司，例如，滴滴打车和快的打车、美团和大众点评、58 同城和赶集网、携程和去哪儿网等企业，陆续合并。百度以移动搜索为核心，在生活服务和视频领域布局。阿里巴巴围绕线上交易，拓展流量和服务入口，强化互联网金融业务优势，尝试社交应用。腾讯依托社交应用，布局电商、游戏、生活服务等领域，逐步完善微信电商的闭环。

在美国,自动驾驶和人工智能技术成为发展热点。电动车制造商特斯拉在实际产品中引入了部分自动驾驶技术,谷歌在智能手机语音助手工具 Google Now 中整合了人工智能技术,Facebook 加快研发智能聊天机器人和其他智能助手工具。

2016 年是技术爆发年,人工智能、云计算、VR 等新技术投入运用,金融和互联网公司加入区块链设计,物联网等新技术与智能硬件相结合,智能家居、智能穿戴等产业加快发展,吸引了众多互联网创业企业。在人工智能领域,美国的微软、Facebook、IBM 等分别推出 AI 平台;我国的百度、搜狗推出智能语音搜索功能,科大讯飞推出智能语音识别应用。在虚拟现实领域,Facebook、HTC 等发布消费级 VR 产品,阿里巴巴、腾讯、小米等纷纷加入市场,带动全国出现约 3000 个 VR 创业团队。在区块链领域,IBM、德勤会计师事务所、德意志银行等发布区块链设计,我国的部分金融企业和互联网公司也加入相关技术的应用研究。我国的互联网行业持续加大并购,大多数细分行业和垂直市场都由互联网巨头收购、控股或投资;跨国并购的力度加大,腾讯收购手游厂商 Supercell Oy84.3% 的股权,滴滴出行收购优步中国的品牌、业务、数据等全部资产。

2017 年,共享经济成为全球发展热点。成立于 2008 年 8 月的美国 Airbnb,是一家在旅游人士和有空房出租的房主之间搭建的服务型网站,开创了共享经济商业模式。截至 2017 年,其平台服务全球 190 多个国家的 6.5 万个城市,被《时代周刊》称为"住房中的 eBay"。

此时，我国市场上各类共享项目已层出不穷。共享单车经过一年多的竞争和发展，80%的市场份额被摩拜和ofo两家公司所占据。

此外，短视频业务在我国发展迅速，记录与分享全民生活的"快手"和记录美好生活的"抖音"表现突出，其中，"快手"的注册用户数达到7亿，日活跃用户数超过1亿。

在互联网市场繁荣的同时，网络安全问题更加凸显，Cerber、Crysis、WannaCry三大勒索软件蔓延全球。2017年5月，WannaCry勒索病毒在全球近百个国家和地区爆发，短短一天多的时间，该病毒已经攻击至少1600家美国组织、11200家俄罗斯组织和28388家中国机构的网站，全球超过10万家机构的网站被该病毒攻击。

2018年，全球排名前十位的互联网公司合计营收增长放缓，从第一季度的同比增长接近30%，下滑到第四季度的同比增长13%。

在中国市场上，移动互联网数据流量同比增长189%，第一驱动力来自短视频业务的增长，另外是"新零售"概念的兴起，零售、教育、家装、体育等行业从线下向线上延伸，传统行业借助互联网工具提升了服务能力，提高了服务效率，降低了经营成本，O2O业务出现新的商业模式。在美国，电商和广告业务稳健增长，视频业务成为人们上网的第一选择。尼尔森数据显示，美国成年人平均每天看视频接近6小时，其中，约75分钟用于观看互联网视频。而18～34岁的年轻人平均每天看视频6.5小时，其中，约230分钟用于观看互联网视频。同时，人们对社交媒体的依赖性也在逐渐增加，网络群体极化现象更加突出。成年人平均每天用在社交媒体上的时间为 45 分钟，监管社交媒体、防止人们网上行为两极分化已成为一种社会问题。

2019 年，互联网安全问题更加严重，引起了很多国家的重视，多个国家和组织加大资金投入力度，设立了专门的安全机构，制定了保障措施。欧盟投资 6350 万欧元，构建欧洲网络安全专业分析网络，加强欧盟网络安全研究和协调。美国国家安全局成立网络安全理事会，整合情报收集、网络防御等任务，并负责"预防和消除针对美国国家安全系统及国防工业基地的威胁"。

与此同时，全球用户数据安全问题更加严峻。2018 年，网络数据泄露事件频发，Facebook 的 8700 万用户和运动品牌安德玛的 1.5 亿用户信息被泄露，中国圆通快递 10 亿条用户信息数据、顺丰快递 3 亿用户的信息，以及酒店行业的华住集团 5 亿用户的信息、万豪集团约 5 亿用户的信息被泄露。2019 年，用户信息数据泄露情况更加严重，据网络公开报道，美国、中国、俄罗斯、印度、墨西哥、澳大利亚等国家均发生了多起用户信息数据泄露事件，包括超过 35 亿个电子邮件地址、24.7 亿个用户信息、8.9 亿份用户财务记录等被非法窃取，其主要原因有网络漏洞、数据库配置错误、非法入侵者攻击网站等。此外，各国政府也更加重视互联网公司滥用用户隐私数据的情况，例如，谷歌子公司 YouTube 被控告非法收集儿童在线隐私信息，并用于广告推送，美国政府对 YouTube 罚款 1.7 亿美元，并要求 YouTube 在平台上标记所有面向儿童的内容，在观看者知情的情况下收集信息。

2020 年，全球数字化时代加速到来，企业加快数字化转型与发展，视频会议、"云会议""云办公"等互联网业务急速增长。2020 年上半年，美国视频会议软件提供商 Zoom 公司的日活跃用户量从 1000 万增长到 3 亿；2020 年 4 月，谷歌公司会议业务 Google Meet 的日活跃用户数超过 1 亿，比 2019 年年底增长了 30 倍。

互联网医疗健康成为人们生活中的新选项，线上预约、在线诊断、远程医疗等线上线下一体化的医疗服务新模式在广泛应用中不断得到优化。在线授课、在线培训等成为学校和企业的第一选择。在我国，直播电商、社区团购、生鲜电商等业务发展火爆，仅 2020 年上半年电商直播就超过 1000 万场，2020 年市场规模超过 1 万亿元。

2021 年，全球消费互联网增长乏力，产业互联网的发展引发更多关注。以中国和美国为主导的全球加密货币平台及应用快速发展，NFT 进入大众视野，第三季度，NFT 的全球交易金额超过 100 亿美元，比第二季度增长 7 倍多。尽管如此，加密货币的发展仍然极为动荡。在无法给出统一定义的情况下，元宇宙的概念突然爆火，资本市场广泛关注 Z 时代（1995—2009 年出生的一代人）的社交、娱乐及内容创作。Facebook 公司改名为 Meta，表明其进军元宇宙市场的决心，这更加推动了 VR/AR、游戏、社交等元宇宙相关领域的发展。在我国，互联网企业普遍遭遇营收增长乏力、净利润增速下滑等困境；在线教育、社区团购、生鲜电商等行业陷入发展困境，大部分企业考虑业务转型。

当前，全球互联网市场发展的特点如下。**一是人口红利持续衰减**。2018 年，全球互联网用户数达到 38 亿，用户普及率超过 50%，但年度用户数增长率已下降至 6%；2019 年，全球互联网用户数超过 41 亿，年度用户数增长率为 7.9%。2020 年各国对互联网的依赖程度加深，全球互联网用户数增长率超过 10%；截至 2021 年年底，全球互联网用户数达到 49 亿，已接近全球人口数的 2/3。分区域来看，非洲和中东地区的互联网用户普及率最低，不足 40%，仍有较大的提升空间。2020—2021 年，全球互联网用户数共增长 19.5%；2022 年第一季度，用户数增长率已下降至不足 5%，发展中国家作为近年来的主要增长点，其用户数增速也下降到 10% 以下。**二是中美两国引领着全球互联网行业发展**。截至 2021 年年底，在全球市值前 30 名的大互联网公司中，美国占 17 家，中国占 9 家，新加坡、巴西、韩国、日本各占 1 家，美国和中国的 26 家互联网公司市值合计占比超过 96%。截至 2019 年年底，在全球市值前 30 名的互联网公司中，美国占 18 家，中国占 7 家，日本、加拿大、澳大利亚、阿根廷、瑞典各占 1 家。从发展趋势分析，中美两国互联网公司的差距在逐年缩小。**三是社交、视频及图片分享是用户在移动端上的主要行为**。全球移动端用户数占比最高的应用分别为 Facebook、YouTube、WhatsApp、Instagram、微信、

Facebook Messenger、TikTok、抖音、新浪微博、Snapchat、Telegram、Twitter。截至2021年年底，各大应用平台的月活跃用户数：Facebook为29.1亿，YouTube超过23亿，WhatsApp超过20亿，Instagram、微信、Facebook Messenger分别超过12亿，TikTok超过10亿，抖音超过6亿，新浪微博、Snapchat、Telegram分别超过5亿，Twitter超过3亿。**四是全球电商增速放缓**。2019年，全球电子商务增长20.2%，在零售中所占比例达15%。2020年，全球电子商务逆势增长27.6%，此后增长速度放缓。2021年第三季度，全球电子商务增长11%，低于以前的增长速度。其中，电商巨头亚马逊第三季度的线上销售额同比仅增长3%。**五是网络安全面临严峻挑战**。随着关键基础设施的数字化程度不断提高，人们对网络的依赖性更大，越来越多的服务通过网络提供和实现，越来越多的企业正在把业务迁移上云。在数字化进程中，企业用户、个人用户还没有对网络信息安全予以足够重视。同时，木马病毒、勒索病毒、分布式拒绝服务（Distributed Denial of Service，DDoS）、高级持续性威胁（Advanced Persistent Threat，APT）等各类网络攻击手段更加多样，攻击行为更加专业、隐蔽，攻击目的更加复杂。网络攻防两端的强烈反差，导致网络攻击和数据泄露事件越来越多。网络安全公司Imperva发布的报告显示，自2017年以来，全球由网络攻击导致的数据泄露量平均每年增长224%。英国一家IT公司统计，2021年4月，全球发生的网络数据泄露和网络攻击案件达1亿次，2021

年 5 月增长到 1.16 亿次。网络信息安全关乎国家安全和社会稳定，是世界各国面临的新挑战。

全球互联网行业主要发展历程如图 3-2 所示。

图 3-2　全球互联网行业主要发展历程

在全球消费互联网增长乏力、产业互联网发展引起更多关注的背景下，元宇宙的概念兴起。

元宇宙的 MetaVerse 由前缀 Meta 和 Verse 组成，Meta 的本意是"超越""变化"，Verse 代表 universe，有"宇宙""物理世界"的意思，MetaVerse 可以理解为现实世界之上的宇宙。有专家认为，元宇宙可能会成为互联网发展的新方向，也可能是数字经济发展的下一种新形态。对元宇宙的探索将推动实体经济与数字经济深度融合，推动数字经济走向新阶段。目前，关于元宇宙的概念还没有明确定义，但业界在元宇宙集合了多种跨学科技术方面达成了共识，其主要技术包括 AI、区块链、扩展现实（Extended Reality，XR）、物联网、三维建模、实时渲染及网络和运算技术等。元宇宙的概念与数字孪生有密切的联系，极有可能是数字孪生的进阶和发展方向。数字孪生是在虚拟空间内建立物理实体的动态孪生体，并通过传感器将物理实体的运行状态及物理空间的环境数据实时映射到孪生体及数字空间中，再用于指导人们在物理世界中的社会活动。元宇宙需要数字孪生来构建仿真环境，并以此为基础提供内容更丰富、范围更广泛的创新性应用。元宇宙的应用具有全沉浸性、唯一性、持续性运行、用户创造性、社会性等特点。全沉浸性是用户的体验感知，能给用户带来全感官沉浸式体验。唯一性是指物品（包括人）在元宇宙中的数字身份是唯一的，与物理世界中的身份一一映射。持续性运行是指元宇宙与物理世界持续并行且自主发展，不受用户是否在线等限制。用户创造性是指元宇宙中的用户可以利用自己的创新能力，在元宇宙中生产事物。社会性是指元宇宙平台具备相对完整的社会体系与经济体系，用户在元宇宙中具备社会属性。根据设想，人们在元宇宙中具有唯一的身份后，可以在数字空间中建立自己的社会关系，进而形成真正的数字社会。

2021年1月，基于Soul App的上海任意门科技有限公司，首次提出构建"社交元宇宙"，开创社交网络3.0时代。2021年3月，被称为元宇宙第一股的罗布乐思在纽约证券交易所上市。2021年12月，Meta打造的元宇宙平台Horizon Worlds向公众开放，百度发布的首个国产元宇宙产品"希壤"开放内测。2022年2月，韩国主题乐园乐天世界在元宇宙平台Zepeto中推出乐园的虚拟复制品。香港海洋公园与The Sandbox合作，在元宇宙的虚拟土地上创建海洋公园的特色内容及产品，率先尝试虚实融合发展。

网络和运算技术是元宇宙基础设施的核心技术，是支撑其他技术的基础。元宇宙的运行环境对网络和运算技术提出了更高的要求，例如，沉浸式 XR 要求时延低于 20ms，而建设和运行元宇宙均需要大量的算力，当前甚至有一种观点认为，元宇宙对算力资源的需求几乎是无限的。中国信息通信研究院提出，以当前的技术条件，要运行元宇宙环境，至少需要目前算力的 1×10^6 倍的算力。AI 技术渗透元宇宙发展的各个方面，为元宇宙提供内容生成与技术支撑。区块链技术参与构建元宇宙运行逻辑与价值生态，是联系虚拟世界与现实经济体系的枢纽。XR 是 AR、VR、MR 等视觉交互技术的统称，是元宇宙主要的显示交互技术，是连接物理世界与数字世界的纽带。物联网技术主要用于终端连接，在承接物理世界数据采集与处理功能的同时，提供虚实连接，是元宇宙的对外感知器官。三维建模技术是数字世界"模仿"物理世界的基础，是搭建元宇宙的素材来源，也是让数字世界的用户感到真实的前提，建模流程的各个环节都会使用 AI 技术。实时渲染技术是呈现元宇宙内容的基础，高效、逼真的实时渲染能力能够满足元宇宙用户强互动、强沉浸的体验需求，该技术需要强大的技术支撑，更需要巨大的计算量、强大的数据处理能力和更低的时延。

3.3 跨界竞合

信息通信业的跨界是以合作的方式出现的。

1999 年 2 月，日本 NTT DoCoMo 公司正式推出 i-mode 业务，核心卖点是通过手机使用互联网。i-mode

业务帮助 DoCoMo 公司跨越电信运营商的界线，成为全球最成功的互联网业务供应商之一。2001 年 3 月，i-mode 业务开始在全球发展，先后进入美国、德国、法国、意大利、西班牙等国家，截至 2001 年 12 月，i-mode 业务的用户量已超过 3000 万。

2000 年，互联网泡沫破灭推动了我国的互联网行业跨界发展。2000 年 11 月，中国移动借鉴 i-mode 业务模式，推出移动梦网"Monternet"业务，将互联网门户网站和移动服务合为一体，让互联网企业成为中国移动的增值服务供应商，这在很大程度上促进了我国互联网的发展。

2007 年，苹果公司首次推出 iPhone 时，与 AT&T 公司签订了有效期 5 年的独家合作协议，这份合作协议明确了苹果公司可以从 AT&T 公司收取的用户通话费中分走一部分收入，这一新型的商业模式标志着苹果公司跨界进入了电信行业。

2008 年，互联网、IT 企业加速融入信息通信行业，电信运营商也在加快拓展新的业务领域，开展跨界合作。例如，硬件制造商苹果公司开启了移动互联网应用市场，诺基亚全面进入互联网内容服务市场，谷歌开始推广安卓操作系统，中国电信进入在线数字音乐市场等。与此同时，另一种影响力更大、范围更广的互联网行业跨界——团购出现了，它以美国团购网站 Groupon 上线为标志，其线上线下相结合的商业模式，极大地拓展了互联网服务范围，让互联网服务深入经济社会生活的方方面面。如今，随着信息通信技术的发展，线上线下相结合的商业模式仍在不停地演变，成为数字经济发展的主要驱动因素之一。

2010 年，在 Groupon 的团购业务全球化之后，我国的团购业务迅速兴起，在资本市场的驱动下，我国团购网站的数量曾经达 5000 多家，形成"千团大战"。"千团大战"为我国互联网行业培养了第一批"地推"人才，为推动我国互联网行业全面进行线下跨界发展打下了基础。

与此同时，美国的互联网公司跨界进入信息通信行业，与电信企业展开业务竞争，影响语音业务。2011 年 10 月，微软公司正式收购 Skype。Skype 是一家互联网电话软件公司，能够在全球范围向用户提供免费的互联网通话服务。微软收购 Skype 后，进一步整合其功能，将 Skype 的使用范围扩展到手机、电视等多种终端上，对全球电信运营商的语音业务（尤其是国际语音业务）造成了极大的威胁。2012 年，Skype 的国际语音通话时长增长 44%，约占国际语音通话总量的 25%，而该年度全球国际语音通话时长仅增长了 5%。也就是说，Skype 不仅分流了全球 1/4 的国际通话量，还造成全球电信运营商的国际话务量下降了 8%。这一现象引起全球电信运营商的重视，大家开始研究讨论互联网公司使用电信运营商的宽带或移动网络，并越过电信运营商发展各种数据业务，取代电信业务的现象。

在我国，原信息产业部于 2006 年就注意到了 Skype 业务，我国电信运营商并未对它过于担心。但是，微信的快速发展却让电信运营商很快就直面 OTT 业务的威胁。2012 年，微信的主要功能从文字聊天、语音对讲、图片分享发展到视频通话、语音通话。以短信为例，2012年，全国手机短信发送量为8973.1亿条，同比仅增长2.1%，创下自1999年短信业务开通以来的最低增幅，且如果考虑手机用户增长的因素，实际上户均短信发送量下降了约9%，这也是短信发展史上从未有过的情况。微信快速代替电信运营商的短信、彩信等数据业务和语音业务，推动电信运营商进行业务转型，积极寻找应对策略。

以上都预示着移动互联网时代正全面来临，信息通信业面临着新一轮的发展机遇，跨界竞争与合作全面启动，并加速运行。首先是各种移动互联网应用兴起，本地移动化社交应用场景从线上向线下延伸，互联网行业跨界各行各业。Uber率先进入打车市场，于2012年7月开拓英国伦敦市场，它不仅为用户提供打车服务，还可以提供冰淇淋外送服务。2013年7月，Uber已先后在全球25个国家的70多个城市开展服务。在Uber的带动下，O2O业务在全球兴起，互联网服务迅速延伸到衣食住行等各类场景。我国互联网市场迅速涌现出一大批从事出行、餐饮、医疗等各种O2O服务的创业公司。至此，互联网行业全面跨界，与各行各业进行竞争或合作，对传统行业进行互联网化的改造。与此同时，电信运营商加快向互联网应用进军的步伐：一条路径是推出自营的OTT业务，例如，全球著名的电信运营商AT&T、Verzion、中国移动、中国电信等都推出了各自的即时通信业务；另一条路径是与OTT服务商进行业务合作，例如，日本 KDDI、美国 Verizon、法国 Orange 等选择了此种业务合作方式。事实证明，这两条路径都无法帮助电信运营商摆脱困境。另外，电信运营商试图从移动支付入手，积极投入互联网金融业务，但也没有取得预期的效果。

在移动互联网时代，信息通信业的跨界竞争与合作，重构了互联网服务模式，打破了许多行业壁垒，构建了新的互联网发展生态，这一过程以互联网行业为先导，具有极其丰富的内涵，我们可以简单地把它划分为 3 个阶段。

第一阶段为重构商业模式。当团购大规模地将线上线下相连接时，其本意不是帮助商家扩大销售触点、提高销售效率，而是以追求销售平台的服务用户数（商家）、日活跃用户量、订单量为目标，结合平台补贴、商家打折开展营销竞争，刺激消费，但结果并不能让商家满意。打车市场兴起，平台直接补贴商家（司机）和用户，开启"烧钱"模式，其目的是抢占市场份额，这种模式也不是可持续发展的。之后，O2O 全面进入本地生活服务，例如，餐饮、出行、汽车服务、上门服务、社区服务、教育、医疗、旅游等各个行业，形成各种服务闭环，并不断优化服务流程，逐渐固化为线上线下互为补充的商业模式。截至目前，由互联网公司搭建平台、形成线上线下互为补充的商业模式，仍在各行各业中不断地演变。无人销售、智能货柜、智慧医疗等技术的创新也开创了新型的商业模式。

第二阶段为打破行业壁垒。互联网跨界服务的新商业模式一旦形成，就意味着原有的行业经营模式被打破，新的行业出现。2011 年，支付宝获得中国人民银行颁发的《支付业务许可证》。2013 年，支付宝推出账户余额增值服务——余额宝，它打破了我国金融业的固有模式，余额宝用户不仅能够获得相对较高的收益，还能随时支付费用和转出余额。余额宝推出不到半年，支付宝钱包用户数就超过了 1 亿。截至 2018 年 6 月，余额宝资金规模达 1.86 万亿元，已超过中国银行的个人活期存款金额。2003 年，美国学者提出"自媒体"的概念，在 Web 2.0 时代，自媒体的发展没有实现体系化，对传统媒体的影响并不大。直到移动互联网社交与视频兴起之后，Facebook、Twitter、Youtube、微信公众号、今日头条、微博及后来的抖音、快手等平台，大幅度降低了信息传播的成本，让企业营销、新闻报道等传播速度更快、效率更高，传播渠道、传播方式更加丰富，传播对象更加明确，目标人群投放更加精准，人人都可以低成本地创造内容，并通过平台传播获得收益，从而产生了更多新型的商业模式，改变了传统媒体的运营方式。如今，自媒体平台已经成为人们获取信息的主要渠道。

第三阶段为构建新的生态。在互联网行业中，新平台、新业务、新技术的出现使原来的头部企业评估其发展前景及对自身业务发展的影响，积极采取战略合作、投资并购等方式，构建新的生态或者进行战略转型。在欧美等发达国家，企业主要采用收购的方式，例如，Facebook 收购图片共享服务平台 Instagram、即时通信服务平台 WhatsApp 等，谷歌收购电子商务公司 Channel Intelligence、以色列在线地图公司

Waze、手机内容分享应用公司 Bump 等进行技术储备，实现战略布局。据统计，2010—2011 年，谷歌收购了 53 家公司，为发展无人驾驶汽车做技术储备。继 2012 年开发出第一代无人驾驶汽车之后，谷歌又在 2014 年收购了卫星成像服务、无人机制造及机器人制造公司，为开发第二代无人驾驶汽车做技术升级。我国企业则主要采取战略合作和投资入股的方式，有时也会采取收购的方式，例如，腾讯先后投资滴滴出行、美团、大众点评、艺龙、58 同城、饿了么等公司，构建线下商业生态。阿里巴巴先后投资快的、苏宁、穷游网、墨迹天气等公司，并收购了高德地图、UC 浏览器、优酷土豆等公司，积极扩张商业版图，构建新的商业生态。

随着信息通信技术的快速发展，新业务、新技术、新应用层出不穷，推动千行百业朝着数字化的方向发展，新产业、新业态、新模式不断涌现，跨界竞争与合作将成为新常态。在新的环境下，想要构建新的商业生态，需要持续不断的探索。

3.4 信息通信业重组

电信行业具有资源稀缺性和规模经济效益特性，通常被认为是自然垄断行业，长期以来也是以自然垄断的形态存在。以自然垄断的方式经营电信业务，一方面可以最大限度地利用资源，提高资源利用率；另一方面也会造成运营服务效率较低，在一定程度上阻碍了新技术的发展和应用。

20 世纪 80 年代，发达国家开始进行电信行业重组，目的是开放市场、引入竞争，打破行业垄断经营。1981 年，英国政府将电信业务从英国邮电局中分离，成立英国电信公司。1982年，英国大东电报局、巴克莱银行和英国石油3家公司合资成立水星通信公司，与英国电信开展业务竞争。1984年，英国政府出售英国电信51%的股权，拉开了电信产业实施私有化政策的序幕。同年，美国政府将长期垄断美国电信市场的美国电报电话公司（AT&T）拆分，其本地电话业务被分成7个独立的区域性电话公司，AT&T则成为一个专营长途电话业务的公司。1985年，日本政府将日本最大的电信公司——日本电报电话公司转成私营企业，引入第二电电、日本通信和日本快速通信等公司经营国内长途电话业务，并引入日本国际通信、国际数据通信公司经营国际电信业务，与日本国际电信电话公司竞争。发达国家通过电信行业重组，大幅降低了电信业务的资费，改善了电信服务。例如，20世纪80年代末，美国的每分钟通话费已经下降了40%。而日本国际电信电话公司为适应竞争，在降低国际通话资费的同时，还取消了电话签约费和基础费等项目。

美国在筹划电信行业重组的同时，也在进行移动通信业务的经营规划。1981年4月，美国联邦通信委员会决定发放蜂窝式移动电话营业牌照，并于1982年6月开始接受第一批30个市场的移动通信经营牌照申请。在近200家提出申请的企业中，有一家经营区域性有线电视的公司——麦考公司获得了6个城市的移动通信经营牌照。1984年，AT&T公司被拆分之后，麦考公司与从AT&T拆分出来的西部贝尔公司合作，并要求AT&T向麦考公司融资，

AT&T 为了获得在与摩托罗拉、爱立信等公司进行移动通信设备市场竞争中的主动权，同意向麦考公司融资。借此机会，麦考公司开始经营区域性的移动通信业务，并进行一系列的移动通信经营牌照收购工作。到 1989 年，麦考公司的移动通信业务已遍布美国。1994 年 9 月，AT&T 收购麦考公司，将其更名为 AT&T 无线部门，成为美国最大的移动通信运营商。

20 世纪 90 年代，移动通信业务在全球兴起，产生了大量新兴的移动业务运营商，其中一些运营商在本国处于行业领先地位，甚至在全球都具有较大影响力，例如，英国的沃达丰、印度的巴蒂电信、韩国的 SK 电信等。新兴的移动业务运营商以灵活的经营机制推动全球移动通信市场的发展，在竞争中不断提升网络质量、服务质量，降低资费，让市场保持较高的增长速度。毕竟，市场份额是有限的，不可能一直保持高速增长，当移动通信市场进入成熟期，增速逐步减缓，运营商会面临盈利空间缩小的压力。这时，众多规模相对较小的运营商会主动挑起价格战，改变市场的发展环境。当出现恶性竞争，且愈演愈烈时，可能会引发行业重组。

通信市场的发展随着技术的进步而升级，而技术进步也可能会改变市场的格局，引发行业变化。进入 21 世纪，日本、韩国、美国等国家先后开通 3G 业务，移动通信和固定通信（固定电话、互联网）技术逐渐融合，电信运营商朝着市内电话、长途电话、移动通信、互联网乃至有线电视等全业务运营的方向发展，有线电视公司利用自己的宽带网络推出网络通话服务，直接影响电信业务，之前昂贵的长途电话业务逐渐退出历史舞台。这时，市场上会进行新一轮的电信行业重组，重组的方向是全业务经营。

1989 年，在日本有自己网络的电信企业有 45 家，租用网络的电信企业有 693 家。到 1996 年，在日本有自己网络的电信企业增加了 86 家，租用网络的电信企业增加了 3190 家。1997 年，日本修改《电信电话股份公司法》，根据修改后的法律，制定 NTT 集团公司重组计划，并在 1999 年年底前将 NTT 重组为单一控股公司，下设东日本电信电话公司、西日本电信电话公司两个区域性公司和长途电信电话公司，加上之前成立的 NTT DATA 数据公司、NTT DoCoMo 移动通信公司，NTT 旗下共有 5 个子公司。2000 年，日本国际电信电话公司与第二电电、日本移动通信合并，使用 KDDI 的公司 Logo，与 NTT 公司、日本 TeleCom 集团形成三足鼎立的局面。

2004 年，美国电信市场进行新一轮整合。2004 年 2 月，美国 Cingular 无线公司收购 AT&T 无线公司，随后，新公司沿用 AT&T 的名字。2004 年 12 月，斯普林特（Sprint）收购内克斯特尔（Nextel），成为美国第三大移动通信运营商。2005 年 5 月，美国最大的 3G 网络运营商威瑞森通信（Verizon）收购了世通公司（MCI）。AT&T 和 MCI 作为美国最大的两家长途电话公司均被收购。2006 年 12 月，AT&T 又和南方贝尔合并，合并后的 AT&T 成为美国最大的电信运营商。自此，美国电信市场形成以 AT&T、Verizon、Sprint、T-Mobile 为主，包括 Alltel、US cellular 等众多小运营商在内的竞争格局。

进入移动互联网时代，虽然移动通信市场上的数据流量快速增长，拉动了电信运营商的业务收入增长，但是数据流量的资费快速下降，电信运营商普遍陷入增量不增收的困境。而在电信行业之外，互联网市场充分地享受着流量增长带来的红利，头部互联网企业的收入和利润持续高速增长，与电信行业形成强烈对比。这时，各国电信行业再度整合重组。

2010 年，英国移动通信市场上排名第 3 的 Orange（属于法国电信）和排名第 4 的 T–Mobile（属于德国电信）合并，新成立的 EE 公司取代了西班牙电信旗下的 O2 公司，成为英国最大的移动通信运营商。2016 年，英国最大的固定电信业务运营商——英国电信收购了最大的移动通信业务运营商 EE，其目标是打造英国一流的数字企业，提供优质的投资选择和创新动力。

2016 年 9 月，新进入电信市场的印度 Reliance Jio 公司，将 1Gbit/s 的资费降到 50 卢比（约合人民币 5 元），在半年内发展了约 1 亿用户，创下全球移动通信用户发展速度之最，也打乱了印度的移动通信市场。2017 年，沃达丰印度公司与印度第三大电信运营商 Idea Cellular 合并，成为印度第一大移动通信运营商，原印度第一大移动通信运营商 Bharti Airtel 与挪威电信公司 Telenor 合并。此外，还有众多小型运营商被迫出售业务。

2018 年 11 月，日本电信运营商 KDDI 与日本电商乐天合作，乐天成为日本第四大移动通信运营商。2019 年 7 月，日本 NTT 公司整合 NTT Communications、NTT Security 等

28 家公司，成立 NTT Ltd.，将总部设在英国伦敦，参与全球信息通信服务竞争，目标是成为世界领先的全球性技术服务提供商。NTT 公司作为 20 世纪日本最大的国资通信公司，在经历一系列拆分之后，再启数字化转型之路，重新朝着融合的方向发展。

美国电信运营商的业务转型之路更加艰难漫长。2015年，美国最大的电信运营商 AT&T 以 485 亿美元收购美国最大的卫星电视服务供应商 DirecTV。2018 年，AT&T 以 850 亿美元收购时代华纳。2015 年，美国第二大电信运营商 Verizon 以 44 亿美元收购美国在线，2017 年 6 月，Verizon 又以 44.8 亿美元完成了对雅虎核心互联网业务的收购。两大电信运营商均把视频类业务和在线广告业务作为战略发展的方向，但是遭遇了重大的挑战，转型发展之路充满坎坷。2018 年 5 月，美国第三大移动通信运营商 T-Mobile 和第四大移动通信运营商 Sprint 宣布合并，这一漫长的合并过程持续了近两年，合并后的新公司名为 "New T-Mobile"。自 2020 年 4 月开始，美国的通信市场呈现三足鼎立的局面。

第四章

资本运营策略

资本运营是指运用市场法则，通过资本本身的技巧性运作和科学性运动实现价值增值、效益增长的一种经营方式。对于社会而言，资本运营是市场经济条件下优化社会资源配置的一种重要方式；对企业而言，资本运营是实现资本增值、效益增长的一种运营方式。从公司战略发展的角度来看，资本运营可以分为扩张型、收缩型和治理型3种模式，扩张型资本运营主要包括投资、并购、托管、租赁、上市等形式；收缩型资本运营主要包括资产剥离、公司分拆、二次上市、股份回购等形式；治理型资本运营主要包括杠杆收购、管理层股权激励、债权转股权等形式。优秀的资本运营方式应该根据企业的资源能力、发展特点及竞争环境变化等，在不同发展阶段进行多种形式的组合。

20世纪下半叶，信息通信业的发展变化与资本运营紧密相关：一方面，信息通信业带动了资本市场的繁荣，尤其是互联网行业成为近代资本市场的主角；另一方面，资本市场也从信息通信业的发展中受益，获得了高额回报。

4.1 电信行业的资本运营

20世纪80年代，美国、英国、日本、德国、法国等国家进行了电信业改革，对电信企业实行股份制改造。20世纪90年代，全球电信领域越来越多地变革政企合一、邮电合营体制，实行不同程度的股份制改造，先后有50多个国家在电信业引入多元化的投资主体，通过投资主体多元化引入竞争机制，提高了行业资产的使用效率，推动了电信行业的快速发展。

电信行业进行**多元化投资**的企业中，比较典型的是英国电信。英国电信在 1998 年欧洲电信市场全面开放之前就已经进军欧洲电信市场，获得了法国电信市场 20% 的份额，在 1994 年与美国 MCI 公司成立合资公司，在 1999 年与 AT&T 成立合资公司等。英国电信将成立合资公司作为实现跨国扩张的主要平台，开拓国际电信市场，增强企业的竞争力，一度在全球电信行业中处于领先地位。然而，2000 年英国电信战略投资失误，被迫剥离和出售部分业务，将移动通信业务分离出来成立 O2 公司（2007 年被西班牙电信收购），并收缩国际市场投资，出售其在美国、日本、西班牙、马来西亚等国的电信企业的投资股权。通过重组业务，英国电信渡过了难关，并重新经营移动通信业务，以及国际化的宽带业务和数据业务。

除了多元化投资，将**企业分拆上市**也是一种常用的资本运营方式。1995 年，AT&T 将从事设备开发制造的朗讯和从事计算机业务的 NCR 拆分出来，1996 年 2 月朗讯公司上市。1999 年，AT&T 公司拆分成长途电话、移动电话、企业服务及宽带 4 家公司。1999 年 5 月，AT&T 无线（AT&T Wireless）公司上市。这次拆分让 AT&T 公司的竞争力不断下滑。2000 年 10 月，朗讯科技再度被拆分，将无线通信部门剥离上市，新公司被称为 Avaya（亚美亚）公司。

与企业拆分相对应的是**企业重组和并购**。21 世纪初，全球移动通信业务飞速发展，电信行业内掀起一系列并购浪潮。1999 年 10 月，德国电信运营商曼内斯曼公司以 360 亿美元收购了英国 Orange。2000 年 2 月，英国沃达丰公司以约 1800 亿美元的价格收购了曼内斯曼公司，这是当时全球一起最大的超级并购案。这两场收购带动了移动通信行业的一连串收购。2004 年 2 月，美国 Cingular 无线公司（西南贝尔与南方贝尔的合资公司）以 410 亿美元并购 AT&T 无线公司，新公司沿用 AT&T 的名字。2004 年 12 月，Sprint 公司收购 Nextel 公司，成为美国的第三大移动通信运营商。2005 年 5 月，美国最大的 3G 网络运营商 Verizon 收购了世通公司。2006 年 3 月，朗讯科技被法国阿尔卡特公司收购。2006 年 12 月，AT&T 公司又和南方贝尔合并，AT&T 公司重新成为美国最大的电信运营商。2009 年 8 月，Sprint Nextel 公司收购美国移动虚拟网络运营商维珍移动公司。2014 年 5 月，AT&T 公司收购卫星电视公司 DirecTV，成为全球最大的付费电视服务提供商。2015 年 5 月，Verizon 收购美国在线公司。2018 年 6 月，AT&T 公司收购时代华纳公司。2019 年 11 月，美国第三大移动通信运营商 T-Mobile 和第四大移动通信运营商 Sprint 合并，组成 New T-Mobile 公司，与 Verizon、AT&T 公司形成三足鼎立的局面。

此外，**建立战略联盟**也是一种资本运营方式。1999 年，日本 NTT DoCoMo 移动通信公司推出 i-mode 移动应用平台，为手机用户提供 8 万多个娱乐、信息服务、线上交易等互联网业务站点，创新开展移动互联网服务，开创了新的发展模式。DoCoMo 公司建立 i-mode 联盟，在德国、法国等 7 个国家发展移动互联网业务。截至 2004 年 6 月底,i-mode 移动应用平台在日本以外的国家和地区发展了 300 万个用户。电信行业资本运营的主要策略如图 4-1 所示。

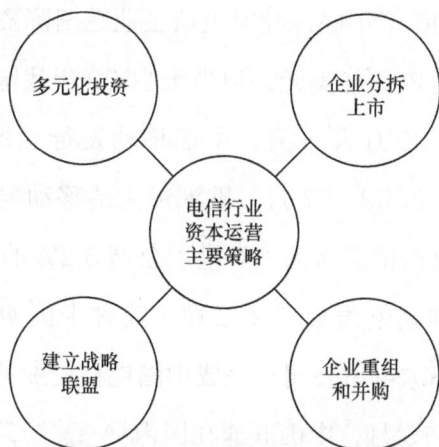

图 4-1 电信行业资本运营的主要策略

我国的通信市场发展也与资本市场紧密相关。从 1990 年到 1995 年,我国电信网络建设的投入约 300 亿美元。1995 年,我国数字移动电话(2G)网络正式开通,固定电话用户普及率为每百人 1.1 部,通信网络正处于高速建设期,网络建设等投入规模快速增长,亟须大量资金。而当时电信建设的大部分资金来自政府投资,资金缺口巨大,刚刚起步的国内资本市场无力承载电信企业的投资需求。于是,我国电信企业大胆创新,抢抓机遇,积极谋划,通过海外上市筹集建设资金,并开展债权融资、内源融资。1997 年 10 月,中国电信(香港)公司 [后更名为中国移动(香港)公司] 在香港、纽约成功上市,发行股票筹集资金 42 亿美元,这是我国电信企业首次在海外上市融资。2000 年 6 月,中国联通在纽约、香港整体上市发行股票，筹集资金56.5亿美元，创下香港股市有史以来最大的首次公开发行、中国企业最大规模的海外首次公开发行等多项境内外资本运营的纪录。截至2000年年底，我国电信企业在国际资本市场的融资总额累计达200亿美元，相当于2000年我国电信行业投资的74.5%。2001年6月，中国移动发行总额为50亿元的企业债券。2002年7月，欧洲最大的移动电话公司英国沃达丰公司收购中国移动（香港）公司3.2%的股权。2002年9月，中国网络通信集团公司（简称中国网通）正式收购美国亚洲环球电讯公司，完成中国电信企业的首次跨国收购。2002年10月，中国联通在国内A股"二次上市"，成为我国唯一一家同时在上海、香港、纽约三地上市的电信运营商。2002年11月，中国电信在纽约、香港上市，融资约13亿美元。2003年，中国电信股份有限公司向其控股股东中国电信集团公司收购安徽、福建、江西、广西、重庆、四川6省（自治区、直辖市）公司的全额资产。中国网通公司获得国家开发银行优惠条件授信贷款550亿元，并发行总额为50亿元的企业债券。中国联通股份有限公司收购母公司的GSM资产。2004年11月，中国网通在纽约、香港上市。2006年7月、2007年4月与2007年9月，中国网通先后分三期发行短期债券，每期金额为100亿元。2007年1月，中国移动收购巴基斯坦运营商巴柯泰尔公司，同年5月将其更名为辛姆巴科公司并完成全资收购，其也成为我国电信运营商第一次在海外实体投资的电信运营商。在我国通信市场高速发展时期，我国电信运营商采取了以海外上市为主的资本运营，同时，采用了发行债券、战略投资、融资租赁、向银行贷款及并购、分拆上市、二次上市、资产剥离等多种资本运作方式，不仅募集了充足的资金，而且让我国的通信企业实现了向现代企业制度转变，通过引进先进的管理经验改善了公司的治理结构，并快速与国际接轨，迈开了国际化经营的步伐。近年来，我国电信运营企业以做强、做优、做大为目标，加快产业融合、资本融合发展，加大投资力度、优化资本布局、打造投资平台、深化产投协同，股权投资工作取得新成效。以中国移动为例，其在 2019 年设立首支由中国移动主控的百亿级 5G 基金，围绕 5G 新兴技术和应用生态开展投资布局，发挥资本对 5G 产业发展的牵引作用，推动 5G 技术赋能千行百业，并加大股权投资，投成随锐科技、梆梆安全、金山办公等 10 个直投项目及 5G 基金等 3 个基金项目，总投资金额超过 280 亿元，年度投资收益率超过 10%。中国移动还优化了组织架构，健全管理机制，打造并形成直投、国际化、基金、创投、投资管理、资产管理六大业务板块，构建支撑产投融合发展的投资运营管理体系，打造产投合作新模式，实现产业资源优势与投资优势相互转化。

2018 年 11 月，中国电信与菲律宾 Udenna 集团联合组成 Mislatel 公司。2019 年 7 月，Mislatel 公司获得菲律宾电信运营牌照，成为菲律宾的第 3 家电信运营商。2021 年 5 月，Mislatel 公司网络正式商用。该项目是我国信息通信业迄今规模最大的海外"投建营"一体化项目，由中国电信在菲律宾全境投资、建设通信网络并开展运营，迈出了中国电信国际化战略发展的重要一步。该项目的顺利实施，进一步提高了我国电信业的国际化水平，深入推进"一带一路"的发展，助力我国打造具有全球竞争力的世界一流企业。

4.2 互联网行业的资本运营

全球互联网行业的发展均与资本市场紧密相关。30 多年来，资本市场直接推动了互联网行业的繁荣，又直接造成了互联网泡沫破灭。资本运营推动了一轮又一轮互联网行业的发展。

在互联网起步阶段，互联网企业借助资本市场快速扩张。1994 年，网景浏览器和互联网门户网站雅虎诞生。1995 年8 月，网景公司在纳斯达克正式上市，并在半年内市值增长10 倍。与此同时，雅虎公司得到路透社和日本软银公司共4000 万美元的投资。1996 年 3 月，日本软银再次向雅虎投资 1 亿美元；1996 年 4 月，雅虎完成首次公开募股（Initial Public Offering，IPO），首日收盘价为 33 美元；2000 年1 月，雅虎股价达到 475 美元。经过一系列发展，雅虎成为当时世界上最成功的互联网企业。1997 年 5 月，亚马逊以每股 18 美元的价格在美国上市，当天涨到 94 美元，并在随后的一年内市值增长了 10 倍。2000 年 3 月，互联网泡沫破灭，这对亚马逊的股价造成很大的影响，2001 年其股价最低时只有 5 美元。

20多年来一直坚持长期发展的价值理念，让亚马逊成为当代优秀的企业之一。截至2017年5月，亚马逊的股价上涨了641倍，年均复合增长率达到38%，市值增长了1000多倍，但其累计利润只有大约50亿美元，仅相当于其2017年营业收入的2.8%。亚马逊直到2015年第二季度才开始盈利，持续亏损了20年。其间，亚马逊从经营线上书店起步，不断扩大投资规模和经营范围，把业务收入全部放到投资、建设、研究、创新上。亚马逊多年来坚持把营业收入持续用于投资未来，发展了在线购物、网络服务、外包物流服务、数字出版、会员服务等平台，推出了Kindle阅读器，Echo智能音箱、Alexa人工智能控制器等电子产品，开设了无人超市、生鲜超市、无人药店等门店，先后收购了数十个在线购物网站及数据挖掘公司、社交网络平台、机器人制作公司。20多年持续的资本扩张，让亚马逊从一个线上零售网站，成长为一家万亿美元市值的科技公司。

谷歌也非常注重资本运营。1998年9月，谷歌成立。1999年，谷歌获得2500万美元的风险投资，加快了发展进程。2004年8月，谷歌在纳斯达克上市，成为公有股份公司。此后，谷歌通过大规模的投资并购活动，进行资本扩张，推动企业战略定位从信息搜索公司不断向高科技公司转变。2004—2005年，谷歌收购了15家公司，并向美国在线投资10亿美元。谷歌所收购的公司中，有3家是与地图和交通分析相关的公司，收购的目的是推出谷歌地图。2006—2007年，谷歌收购了25家公司，包括以16.5亿美元收购的 YouTube，主要目的是提升谷歌搜索在 Word、Excel、PowerPoint 文件上的应用能力，以及在视频内容领域布局。2008 年，谷歌与汇丰银行、国际有线电视集团 Liberty Global 共同投资，推出 "O3b Networks" 网络计划，旨在通过建立卫星网络，为地球上还没有网络覆盖的 30 亿人提供网络服务。2010—2011 年，谷歌收购了 53 家公司，一是为其研发第一代智能汽车做技术储备，二是为了进入智能终端市场和智能可穿戴市场。2012 年，谷歌以 125 亿美元收购摩托罗拉移动，并收购了网络安全公司和物流公司，进行无人机技术储备。2013—2014 年，谷歌以 10.3 亿美元收购了导航与交通应用公司 Waze，以 5 亿美元收购了卫星成像公司 Skybox，并收购了无人机制造商泰坦航空公司。此外，谷歌还收购了制造机器人的波士顿动力公司。至此，谷歌已经在机器人领域进行了 8 次收购。据不完全统计，从 2005—2014 年，谷歌的 3 个投资主体——谷歌、谷歌风投和谷歌资本，共投资 800 多笔，收购了 121 家公司。通过大规模的资本扩张，谷歌实现了从搜索业务向互联网高科技业务的转变，逐步实施 "AI first"（AI 第一）发展战略，在智能硬件制造、无人驾驶等新技术领域建立了先发优势。

我国互联网企业在发展过程中也进行了一系列资本运营。以阿里巴巴为例，1999 年年初，阿里巴巴电子商务网络公司成立，注册资本为 50 万元人民币。2000 年，阿里巴巴募集到高盛领投的 500 万美元天使投资。2000 年年底，阿里巴巴获得日本软银等 6 家风险投资机构的 2500 万美元风险投资。2004 年，阿里巴巴再次从日本软银等风险投资机构募集资金 8200 万美元，其中，日本软银出资 6000 万美元。2005 年，阿里巴巴和雅虎并购，阿里巴巴以 40% 的股份和 35% 的投票权，换取雅虎 10 亿美元加上雅虎中国的所有业务、雅虎品牌及技术在中国的使用权，以及雅虎在中国的全部资产，阿里巴巴以换股的形式收购了雅虎中国公司，并改变了股东结构。同时，日本软银再次投资 1.5 亿美元，增持阿里巴巴股份。2007 年 11 月，阿里巴巴网络有限公司在香港联交所主板挂牌上市，融资 15 亿美元，创下中国互联网公司融资规模之最。此后，阿里巴巴的股权结构为雅虎占 39%，日本软银占 29.3%，阿里巴巴集团管理层、员工及其他股东合计占 31.7%。再之后，阿里巴巴集团进行了一系列的投资、并购、分拆、股份回购、二次上市等。2008 年，分拆淘宝网，成立企业对用户（Business to Customer，B2C）平台淘宝商城（2012 年更名为天猫商城）。2009 年，成立阿里云计算公司。2010 年，推出全球速卖通，进军国际网络零售市场，同年推出合伙人制度，以减轻资本市场短期逐利趋势对企业长远发展的干扰，更加专注公司的长期发展。2011 年，从淘宝网分拆出聚划算，主营团购业务。2012 年 6 月，阿里巴巴网络有限公司从香港联交所退市，实现私有化，同年，阿里巴巴集团完成对雅虎初步的股份回购，并重组与雅虎的关系。2013 年，阿里巴巴联合银泰集团等 9 家企业，成立菜鸟网络公司，打造物流网络，认购新加坡邮政 10.35% 的股权，联合海尔公司日日顺物流设立合资公司，认购新浪微博18%的股权。2014年，阿里巴巴集团在纽约证券交易所正式挂牌上市，阿里健康在香港上市，阿里巴巴收购移动浏览器公司UC优视，收购高德地图，认购文化中国传播公司约60%的股权，认购恒大足球俱乐部50%的股权，与银泰集团成立合资企业，投资美国社交应用平台Tango，投资LBE安全大师、墨迹天气、穷游网等。2015年，阿里巴巴集团成立阿里音乐集团，收购优酷土豆公司，认购软银旗下软银机器人公司20%的股权，认购苏宁云商19.99%的股权。2016年，阿里巴巴集团出售新美大公司7%的股权，从软银集团手中购买价值20亿美元的阿里巴巴股票，并由阿里巴巴合伙人从软银集团认购另外4亿美元的阿里巴巴股票。2017年，阿里巴巴集团收购大麦网，与万豪国际成立合资公司，入股高鑫零售后直接和间接持有其36.16%的股份。2018年，阿里巴巴集团成立平头哥半导体有限公司，收购饿了么公司；与文投控股公司共同收购万达集团持有的万达电影公司12.77%的股份，分别成为万达电影第二、第三大股东；收购阿里影业的股权，收购后股权增加至50.92%；收购中天微系统公司、北京先声互联公司以及巴基斯坦电商平台Daraz，与中国联通共同投资成立云粒智慧科技有限公司；联合菜鸟网络入股中通快递，共同持股约10%；认购分众传媒约10.32%的股份。2019年，阿里巴巴集团在港交所上市，收购网易考拉，认购中金公司11.74%的港股。2020年，阿里巴巴集团收购东南亚最大电商平台Lazada Group SpA，成立斑马智行网络公司。据统计，2014—2020 年，阿里巴巴集团已披露的 1 亿元以上的重大投资有 80 多项，投资金额合计近 4000 亿元人民币。通过大规模的资本运营，阿里巴巴集团已形成电子商务、互联网金融、物流服务、大数据、云计算、文化旅游、广告服务等多种业务形态。

4.3　互联网资本市场的特点

2012 年 5 月，Facebook 上市，成为历史上最大的科技股 IPO。2012 年 9 月与 12 月，美国先后启动第三轮、第四轮量化宽松的货币政策，该政策恰好与美国移动互联网市场兴起相互作用，共同推动了第二轮美股科技牛市。这轮科技牛市从 2012 年年底持续到 2014 年下半年，并影响到我国的互联网行业发展走向。2013 年下半年，汽车之家、久邦数码、58 同城、去哪儿网等 7 家中国互联网公司在美国上市，2014 年又增加了 12 家上市公司。其中，2014 年 9 月，阿里巴巴集团在纽约证券交易所挂牌上市，成为美股历史上最大规模的 IPO。2014 年年底，美股升势停止。2015 年 3 月，"互联网+"上升为国家战略，我国股市出现了近 5 年来最大的上涨行情，吸引了美国资本和中概股回归，大批美国资金进入中国市场，和中国资本市场共同推动中国互联网行业投融资规模，交易数量大幅上涨。速途研究院的数据显示，2015 年上半年，我国互联网各领域的投融资案例有 489 起，其中披露具体金额的有 253 起，总投资规模达到 695.1 亿美元，同比增长 16.7%。资本投资进入互联网市场的主要特点如下。

一是互联网公司改变了资本市场先盈利后上市的法则。 1995 年、1996 年，网景公司和雅虎公司先后上市时，但并未实现盈利，由此改变了美国的市场法则，直到现在，美国大量与互联网相关的上市公司都是以亏损状态上市的。这一变化影响到全球资本市场，例如，2016 年 12 月，美图公司在香港上市，开创了香港非盈利公司上市的先河，改变了港交所的上市规则。2018 年 3 月，我国证监会发布新规，明确了符合条件的创新企业不再适用有关盈利及不存在未弥补亏损的发行条件。在资本市场对互联网公司的评估指标体系中，利润并非第一要位的，用户数、日活跃用户数、交易量、交易额、市场份额、用户增长率、交易量增长率甚至用户访问时长、点击率等指标，都有可能成为资本市场关注的重点，市场发展空间、市场地位、企业成长速度等也是资本市场进行投资评估的关键要素。

二是融资行为对于互联网公司的估值或市值上涨具有特殊重要的意义。 非上市的互联网公司在进行每轮融资时，总是尽可能地减少所出让新股本的比重，使其总估值不断提高。因此，决定非上市互联网公司估值的主要因素并非是公司的利润等财务指标，而是融资的需求。已上市的互联网公司可能会利用上市公司的规则变通融资，包括增发融资、大股东进行股权质押债权融资再提供到上市公司体外的"同系统"公司、大股东减持股票所得以债权形态无偿借给上市公司使用，以推动其市值上涨。

三是资本投资和互联网企业共享"大国红利"。大国在科技创新方面不仅具有市场优势，还具有资本优势，这些优势成为互联网企业发展的红利。互联网企业创新创业的风险极高，据统计分析，2015年中国互联网创业的成功概率只有5%左右，这还是在"互联网+"这一创业环境相对较好的条件下，因此，对互联网企业创新创业用"九死一生"来形容毫不为过，在这样的环境中，资本投资对创新创业的扶持尤为珍贵。只有大的资本市场，才会有足够高的市盈率，才能提供足够的用于创新创业冒险的资金，才能容许更多创新创业方面的失败。而在大国市场上，创新创业成功以后，也能更好地促进国家的创新进步，提高企业的市值，更好地回馈资本和社会。

互联网资本市场主要特点如图4-2所示。

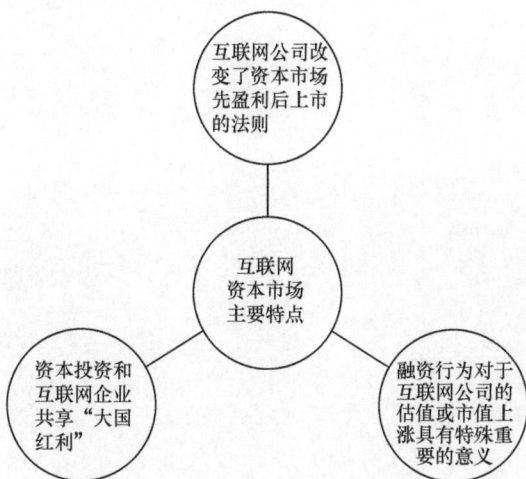

图4-2　互联网资本市场主要特点

第五章

生态系统建设

在信息通信业发展的过程中，先后出现了产业链、生态圈和生态系统的概念。最初的信息通信服务主要是由设备供应商、软件服务商、网络运营商、内容提供商等分工协作进行的，这几类企业构成了产业链关系。随着信息通信服务的渠道、内容、场景等越来越丰富，产业链上下游的参与方越来越多，相互之间的关系也越来越复杂，组成一个个生态圈。然后，各个生态圈之间相互作用，相互融合、协同、竞争，形成一个个生态系统。

在用户需求的引导下，信息通信技术不断进步，资本助推信息通信市场持续拓展，服务应用深入千行百业，最终呈现为生态系统繁荣发展。

5.1 产业链与生态圈

从 19 世纪 30 年代到 20 世纪末，电信业的主要产品是电报、电话和手机，产业链的结构相对简单，主要有电信运营商、设备供应商、终端厂商、软件服务商，其中设备供应商和软件服务商为电信运营商提供服务，电信运营商是产业链的主导者。进入 21 世纪，移动数据业务开始兴起，电信产业链中增加了内容提供商。2007 年 iPhone 横空出世，用户可以用它直接访问互联网，推倒了电信运营商构筑的业务"围墙"，原来只能选择与电信运营商合作的内容提供商、软件服务商开始与智能终端厂商合作，产业链的关系变得比较复杂。随着移动互联网时代的到来，各类互联网应用蓬勃兴起，电信运营商的产业链主导地位不保，产业链各方的关系也变得更加复杂，产业链重新"浩牌"。以技术、应用和平台为核心的电信业产生了一个个生态圈。下面列举 4 类典型生态圈的构成及其演变趋势。

网络连接生态圈。网络连接生态圈是电信运营商的生存之本，其核心是移动和宽带网络，生态圈的构成要素主要有终端厂商、内容服务商、流量合作商、渠道合作商。其中，在终端厂商的周边有终端设计、芯片供应、配件供应、软件供应、应用服务等合作方；在内容服务商的周围有内容策划、制作及版权服务、广告服务等合作方。网络连接生态圈朝着构建高速、泛在、智能化网络及云网融合的方向发展。网络连接生态圈如图 5-1 所示。

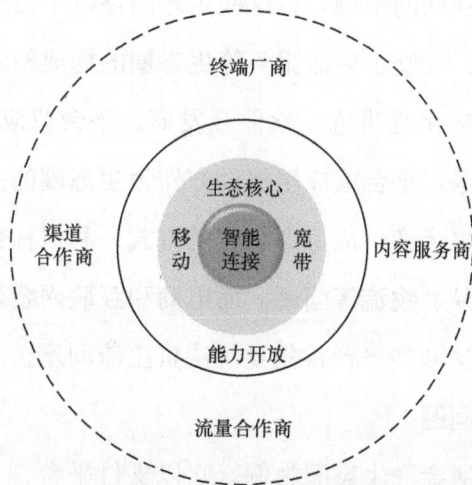

图 5-1　网络连接生态圈

家庭应用生态圈。这是电信运营商业务发展的主阵地之一，以家庭应用平台为核心，生态圈的构成要素主要有终端厂商、内容服务商、应用提供商、子平台开发商、软件开发商、渠道合作商等。其中，在子平台开发商的周围又有系统设计、软件开发、应用服务等合作方；渠道合作商又包括广告合作方、内容平台方、终端代理商等。家庭应用生态圈向着高速率、智能化、便捷安全、超高清等方向发展。

物联网生态圈。以物联网平台为核心，其构成要素主要有应用开发商、服务集成商、终端供应商、芯片供应商等。其中，在应用开发商的周围有系统设计、系统维护、软件服务等合作方；在服务集成商的周围又有设备安装、用户服务等合作方。物联网生态圈向着集约式运营、垂直行业应用、场景化规模部署的方向发展。

互联网生态圈。主要有电商、社交、生活服务、在线直播、在线游戏、互联网金融等，这些生态圈是以平台或应用为核心的。其中，社交、生活服务等生态圈的构成相对简单，主要有平台或应用提供方、软件开发商、平台或应用合作商、广告代理商等。平台或应用提供方作为生态圈的主导，一般通过与其他平台商、应用商合作的方式，利用社会资源，解决下单、交易、物流等问题。而电商和互联网金融生态圈更复杂一些，这两类平台首先要解决资金流问题，电商平台还要解决物流问题。

以互联网金融生态圈为例。它以支付平台、金融平台为核心，其构成要素主要有银行、非银行金融机构、第三方金融平台、技术提供商、软件开发商、终端供应商、应用合作商等合作方。在技术提供商的周围又有征信企业、金融产品及金融衍生品设计等合作方；应用合作商包括各类零售商、电商平台、公共服务机构、业务代理商等合作方。互联网金融生态圈向着安全、便捷、可管控的方向发展。

新技术发展会推动生态圈不断变化，总体呈融合的趋势发展。当电信行业生态圈之间、互联网行业生态圈之间相互作用时，平台之间的整合，垂直行业的应用数据逐渐汇聚，应用场景开始融合，生态圈被打破，形成了新的生态系统。

5.2　网络连接生态系统

进入移动互联网时代后，电信运营商加快推进智能化网络升级，引入 SDN、NFV 等技术，从网络边缘层开始云化部署，推进网络架构纵向解耦、横向融合固定网和移动网，扁平化网络架构，降低网络成本。随后，电信运营商加快云网协同发展，利用 SDN/NFV 技术提升云业务的智能化能力，推进云网融合，逐渐形成智能化网络连接生态系统。

这期间，网络连接表现出以下 4 个明显变化。**一是从硬件驱动变为软件驱动，连接方式更灵活。**以软件定义网络，减少了网络层级，大幅降低了网络的建设与运营成本，且网络运营更加灵活，能满足不同业务和应用的需求。**二是网络资源共享成为发展趋势，连接成本更低廉。**不同运营商开始共建共享网络频率、线路、设备，共建共享基站、机房，甚至共享整个网络，大幅提高社会资源的利用效率，进一步促进网络连接生态系统的融合发展。**三是由云网协作、云网融合向云网一体化发展，连接能力更强。**发挥电信运营商的网络资源等优势，不断推进云—网—边（边缘计算）—端（终端）智能互联，实现云网能力灵活调度，最终实现智能的云网一体。**四是从人人互联到万物互联，连接范围更广泛。**物联网、工业互联网、车联网等新的连接方式不断发展，网络连接的内涵不断扩充，速率更快。同时，新的连接承载新的应用，应用场景也更加丰富，由此形成的智能化网络连接生态系统，具有组网灵活、成本降低、部署快捷、全域覆盖等特征。这个生态系统的构成要素主要有电信运营商及物联网、工业互联网企业、车联网等产业链上下游，以及通信设备供应商、终端生产商、应用平台开发商、软件开发商、销售渠道商等。

在网络连接生态系统的基础上，产生了许多新的生态系统，从系统属性来看，主要有安全生态、应用生态、数据生态等。智能化网络连接生态系统发展特点如图 5-2 所示。

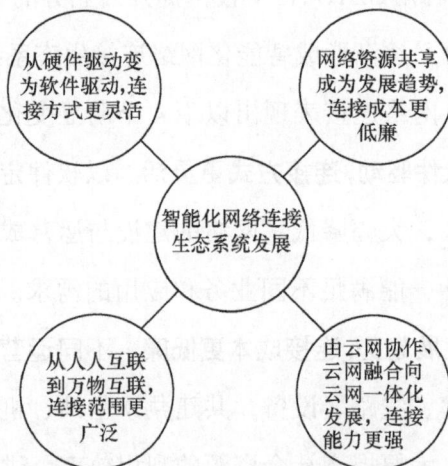

图 5-2　智能化网络连接生态系统发展特点

5.3　网络信息安全生态系统

近年来，全球信息通信业快速发展，网络信息安全生态系统更加繁荣，同时网络信息安全问题更加凸显，网络攻击、系统中断、病毒感染、信息泄露等重大事件时有发生，安全生态系统面临严重威胁。网络和信息安全生态系统的构成要素，不仅包括网络连接生态系统的所有要素，还增加了网络信息安全研发机构、网络信息安全服务企业、网络攻防组织等。这一生态系统面临的主要威胁包括以下 3 个方面。

一是信息通信基础设施，主要面临信息通信设备遭受网络攻击、关键设备更新、关键设备和核心元器件产业链供应链断供等风险。信息通信设备遭受网络攻击已成为全球普遍现象，例如，华为公司在 2019 年披露，华为在全球的通信设备每天遭受网络攻击约 100 万次。电信运营商在更新关键设备时，稍有不慎即可能引发大面积的网络中断，2022 年 7 月上旬，日本电信运营商 KDDI、加拿大移动通信运营商 Rogers 先后发生移动通信网络重大通信故障，分别历时约 62 小时、29 小时，分别影响日本约 4000 万用户、加拿大约 1130 万用户使用业务，两起故障的根源均由更换网络核心设备引起。关键设备和核心元器件产业链供应链断供的风险也很严峻，自 2020 年下半年以来，全球"芯片荒"已持续多日，对信息通信业发展造成重大影响。到 2022 年上半年，服务器核心元器件如 CPU、硬盘、内存等供货周期延长至 12 周，网卡的供货周期延长至 26 周，磁盘阵列的供货周期延长至 54 周，严重影响信息通信设备的正常生产及交付。

二是信息通信运营服务，主要面临互联网根域名服务中断、软硬件技术支持中断、全球定位系统时钟同步信号中断等风险。在互联网根域名服务方面，当前全球 IPv4 体系根域名服务器有 13 个，其中，美国有 10 个（含 1 个主根服务器），英国、瑞典和日本各有 1 个，如果某个根域名服务器停止提供域名解析服务，将会导致其服务范围内的互联网瘫痪。在软硬件技术支持方面，操作系统、数据库、中间件等主要商用软件存在被禁用或停止更新服务的风险，通信基础设施中使用的中央处理器、网络处理器、光纤交换机、高速光器件等核心硬件设备可能存在安全漏洞，当前使用量最大的 Intel（英特尔）CPU 也存在着安全漏洞，当计算机关机时其仍在运行，容易受到非法控制。在全球定位系统时钟同步方面，全球定位系统时钟是全球移动通信网络的通用时钟，如果全球定位系统时钟同步信号中断，那么 2G、3G、4G 移动用户的通信质量将会严重下降。

三是网络攻击，其手段多种多样，主要有预埋后门、DDoS 攻击、APT 攻击、勒索病毒等。 预埋后门的隐蔽性强，操作系统、数据库、中间件、开源软件、开发软件等容易被预埋后门。当前绝大部分互联网协议的安全性标准不高，网络攻击者可以在互联网软硬件上设计代码，绕过安全性控制，以预埋后门的方式获得对特定系统或程序的访问控制权。DDoS 攻击又分很多种，近年来处于高发、频发态势，平均攻击流量峰值持续增长，对网络的危害性更大。APT 攻击的技术手段更高、隐蔽性更强、危害性更大；对 APT 攻击行为进行排查是当前全球性难题，组织防范的成本很高。勒索病毒是一种极具破坏性、传播性的恶意软件，近年来其主要攻击目标转向企业、政府及公共机构等，攻击者除了要求用户支付"赎金"，还会窃取机密、破坏数据甚至提出某种政治诉求。当前勒索病毒主要有安全漏洞传播、邮件传播、网站挂马、软件供应链传播、介质传播、远程桌面控制等多种典型攻击方式，主要攻击行为分为网络探测、攻击入侵、植入病毒、实施勒索 4 个步骤，这对互联网企业及用户开展常态化网络风险排查和网络脆弱性治理工作提出了极高的要求。

总而言之，没有网络安全就没有国家安全，网络信息安全生态系统的建设越来越重要，其中很多工作要从国家层面进行整体规划，要根据网络信息安全发展态势制定 / 修订完善相关的规章制度，协同网络信息安全产业链各方力量开展相关领域的研究，共同提升防范能力，促进生态系统健康发展。

网络信息安全生态系统面临的威胁如图 5-3 所示。

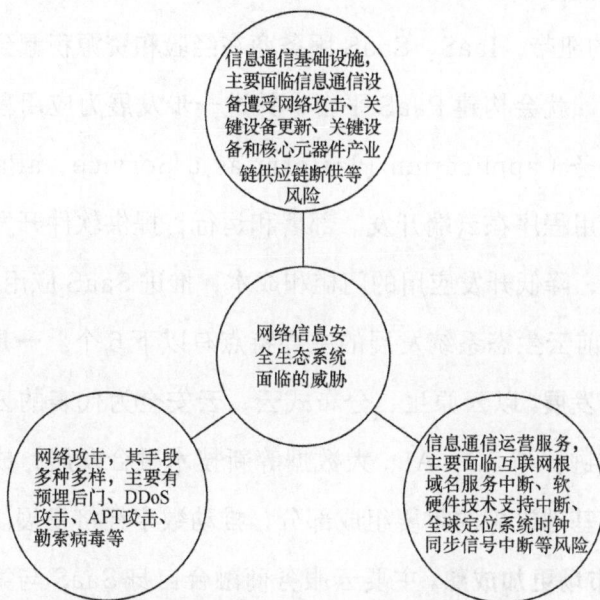

图 5-3 网络信息安全生态系统面临的威胁

5.4 云生态系统

　　云生态系统中有设备供应商、网络提供商、云服务提供商等，其中，云服务提供商根据服务类型分为 IaaS、PaaS、SaaS 3 类。目前 3 类服务商之间的界线比较模糊，都在朝着提供"一站式"IT 服务的方向发展。在 IaaS 领域，AWS、Azure、谷歌云、阿里云、IBM 等头部企业优势突出，已形成规模效应，占据主要市场份额。此外，许多中小服务商正在发展云安全、云分发、应用容器（Docker）、云存储、云视频等细分市场，并不断扩展服务范围。在 SaaS 领域，通用型 SaaS(企业 OA、财务、HR、CRM、ERP、用户服务等) 发展空间有限，赢利比较困难；零售、交通、医疗、金融、教育等垂直行业服务发展较快。PaaS 是连接 IaaS 和 SaaS 的纽带，IaaS、SaaS 服务商在经验和资源积累到一定程度后，就会构建 PaaS 平台，并进一步发展为应用程序平台即服务（application Platform as a Service, aPaaS），支持应用程序在云端开发、部署和运行，提供软件开发的基础工具，降低开发应用的门槛和成本，推进 SaaS 应用发展。

　　当前云生态系统发展的主要特点有以下 6 个。**一是云技术快速发展。**以云原生、分布式云、云安全为代表的云技术不断演进，与 5G、AI、大数据等新技术融合发展，成为新型信息基础设施的重要组成部分，推动数字经济发展。**二是 SaaS 市场更加成熟。**主要云服务商融合自身 SaaS 与第三方 SaaS 应用，提供一体化解决方案；垂直行业的 SaaS 提供商在不断拓展垂直领域的同时，提供更深入、更专业的差异化需求解决方案。**三是中小企业上云发展潜力巨大。**中小企业从基础设施上云逐渐演变为应用上云，SaaS 将大大缩短中小企业应用上云的路径，提升上云的效率和安全性，产生更大的经济效益。**四是云计算从中心向边缘延伸。**边缘云成为新的发展形态，应用服务产品不断丰富，它与智能终端、边缘网关、边缘服务器等协同发展，共同推动视频渲染、自动驾驶、工业制造、智慧园区、VR/AR 游戏等新兴产业发展。电信运营商基于 5G 和边缘云技术推出的移动边缘计算应用，已在工业制造、交通、能源等行业得到广泛应用。**五是云边协同发展。**其为数字媒体等新兴行业进行业务模式创新奠定了基础，加速传统行业数字化转型的进程，提升全社会智能互联、智慧感知的能力。例如，在交通领域，自动驾驶汽车将集成激光雷达、摄像头等传感装置采集的数据信息与道路边缘计算节点和周边车辆进行交互，扩展了感知能力，实现了车路协同；与此同时，云计算中心则通过广泛分布的边缘计算节点收集数据，感知交通系统的运行状况，并通过大数据和人工智能算法，向边缘节点、交通信号系统和车辆分别下达合理的调度指令，以提高交通系统的运行效率。**六是原生云安全技术推动云生态与安全生态融合发展。**原生云安全主要指云平台安全、云安全产品的原生化，云平台安全原生化将安全融入从平台设计到平台运营的整个过程，全面提升平台安全防范能力；云安全产品原生化将安全产品内嵌于云平台，有效地解决传统安全架构与云计算环境割裂等问题，最大限度地发挥安全防范能力。要实现云平台安全原生化及云安全产品原生化，需要云服务商与安全服务商密切协作，共同加强研发创新。

云生态系统发展的主要特点如图 5-4 所示。

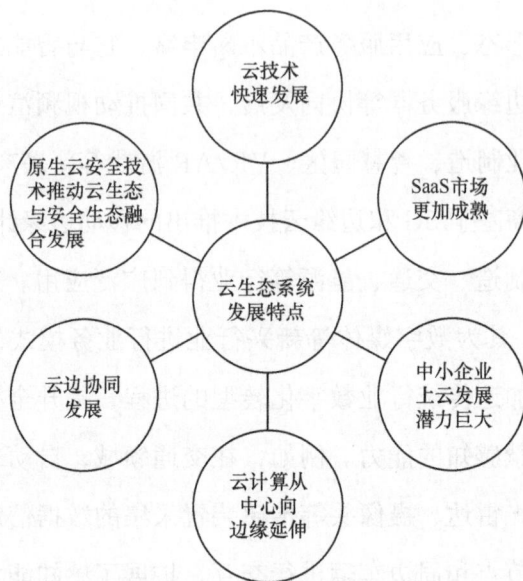

图 5-4　云生态系统发展的主要特点

5.5　数据生态系统

数据资源是发展数字经济的关键基础性要素，具有重要的战略地位。数据生态系统以数据资源为基础，其构成要素包括数据供给、流通及开发利用等各个产业链，涵盖了数字经济发展的方方面面。数据供给、流通及开发利用是发展数字经济的重要保障，离开了数据，互联网的网络规模效应无从谈起，大数据的效率与优势无从发挥，云计算、人工智能、物联网等新技术发展就成了无源之水。根据美国国际数据集团（International Data Group，IDG）的数据，2021 年全球大数据市场规模超过 2100 亿美元，在 2020—2024 年实现了 10.4% 的复合增长率，预计到 2024 年，全球大数据市场规模将接近 3000 亿美元。建议围绕数据供给、流通、开发利用等建设数据生态系统。

数据供给包括数据产生、采集、存储、使用、管理等环节。 在数据采集环节，要进行数据标注、清洗，形成标准化、格式化的数据，提升数据的质量；在数据存储环节，要对数据进行分类、聚合，形成数据子集和数据集市；在数据使用环节，要对数据进行脱敏、脱密等处理，形成新的标准化数据资源；在数据管理环节，要对数据进行分类分级管理，强化数据安全风险评估、监测预警和应急处置。

数据流通包括数据定价、资产评估、交易等环节。 在数据定价环节，数据主体要积极探索，建立数据资产定价机制，形成数据资产目录，建立数据定价体系；在数据资产评估环节，政府及行业主管部门要建立数据资产评估体系，从数据种类、数据量、数据完整性、数据实时性、数据稀缺性等多个维度，对数据资产进行综合评判；在交易环节，要建立健全数据资产登记结算、交易撮合、争议仲裁等市场运营体系，提升数据交易的质量和效率。

数据开发利用包括数据挖掘、开放、授权应用等环节。 要在确保数据安全、保障用户隐私的前提下，根据不同类型数据的特点，以实际应用需求为导向，探索建立多样化的数据开发利用机制。在数据挖掘方面，要鼓励市场力量挖掘商业数据价值，协同行业协会、科研院所、企业等多方参与数据价值开发，开展专业化、个性化的数据服务，促进数据与技术、场景深度融合，满足各领域数据需求；在数据开放方面，要制定政务数据、公共数据等开放制度及法律法规，推动政务数据、公共数据有序开放，鼓励各行业建立数据开放平台，促进跨层级、跨地域、跨部门的数据共享；在数据授权应用方面，要鼓励更多的社会力量以特许开发、授权应用等方式，对具有经济价值和社会价值、允许被加工利用的政务数据与公共数据等进行增值开发利用。

数据流通及开发利用是全球面临的共同课题，目前还有较多问题需要解决。例如，数据的产权问题，消费者消费时产生了数据，这些数据到底是属于个人，还是属于企业？企业有没有权力利用个人所产生的数据去获利？这就涉及数据的所有权、使用权和收益权等问题，需要由法律界定。例如，数据安全及个人隐私保护问题，当个人数据用于公共用途时，要想有效避免个人隐私泄露，就必须在公共权力与个人隐私保护之间进行清晰的边界划分。例如，在推进数据开放共享时，应该建立什么样的机制，让不同的数据汇集到同一个平台；当利用共享数据进行应用开发时，应该如何界定其产生的研究成果的知识产权等。只有加强相关法律法规制度的建设，解决了这些根本性问题，才能建设更加健康、高效的数据生态系统。

数据生态系统建设要点如图 5-5 所示。

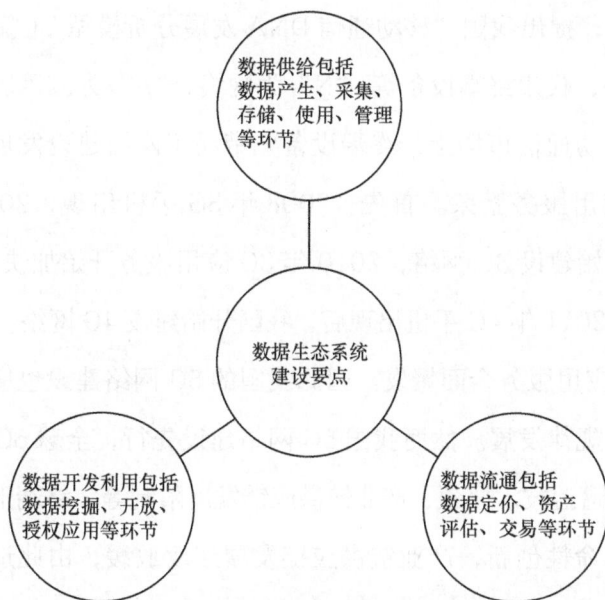

图 5-5　数据生态系统建设要点

5.6　消费互联网生态系统

　　消费互联网是一个大概念，包含社交、电商、生活服务、支付等各种生态，这些生态深入出行、旅游、直播、游戏等各个行业，既各自独立又相互依存，构成庞大的、不断变化的生态系统。初期的消费互联网以搜索、电商、社交、游戏等为主，进入移动互联网时代后，搜索被智能推荐取代，社交由图文方式转变为视频方式，电商和游戏等业务也出现了新形态。"4G 改变生活，5G 改变社会。"不同的人对这句话有不同的理解。从个人消费者的角度来看，全球 5G 商用 3 年多以来，5G 对消费互联网的改变似乎并不明显，这是为什么？本节介绍中国信息通信研究院的分析模型，以供大家参考。

　　中国信息通信研究院基于对全球 3G、4G 和 5G 业务发展的分析，提出我国"移动通信 DNA 发展分析模型"（"D"为 Device，代表终端设备等；"N"为网络，"A"为应用服务）。我国移动通信市场上，终端设备先带动了网络建设发展，再带动应用服务繁荣。首先，2008 年 3G 手机出现，2009 年我国开始建设 3G 网络，2010 年 3G 应用服务开始加快发展。其次，2011 年 4G 手机出现后，我国开始建设 4G 网络，2015 年 4G 应用服务全面爆发。因此我国的 5G 网络建设也应该按照这个规律发展。然而我国 5G 网络建设先行，全球 5G 终端设备却遭遇技术瓶颈、产业链供应链发展限制等，终端形态未出现革命性创新，产业链供应链发展速度放缓，由此造成个人用户对 5G 的体验感知并不强烈。可以推测，当全球 5G 终端设备的短板突破后，有可能迎来 5G 应用服务的加速发展。

5G 对消费互联网的改变已在近几年的时间内爆发。从 4G 到 5G，在移动通信网络技术发展的同时，超高清、云计算、VR/AR 等技术更加成熟，视频、社交、购物、音乐、阅读、娱乐等 4G 时代的个人应用在 5G 网络及新技术的条件下，将呈现新的发展形态和发展特点。我国作为 5G 市场发展的引领者，必将成为 5G 应用创新的发源和应用地。

一是视频应用会首先爆发，向着超高清、多视角的直播场景发展，沉浸感、交互性增强。视频应用作为高频业务，其点播、直播等应用将加速发展，应用平台的功能更加完善，内容、场景等空前扩张。同时，它作为社交、购物、娱乐等应用的基础，会与这些应用的发展相互促进，产生新的融合应用。例如，视频彩铃业务将短视频内容引入智能手机通话前场景，并且增加一键点赞分享、抢红包等功能，让视频通话变得更加有趣。例如 VR/AR 文化旅游、VR/AR 展会等应用已经与视频点播、直播等应用融合，共同提升用户的体验感。并且，视频应用的内涵也会发生巨大的变化。5G 网络的高速率、低时延为超高清、多视角视频应用创造了条件，超高清的多屏多视角、全景视角、可缩放视角、VR/AR 等新视频技术，将在体育赛事、演唱会、文化旅游、展会活动等直播场景下快速推广，增强用户的沉浸感，赋予用户自主选择观看角度、细节等权利，更好地满足用户个性化的观看需求。视频直播形成新的产业，直播平台向着垂直细分的方向发展，娱乐直播、体育直播、电竞直播、户外直播、电商直播等场景和内容空前丰富，"直播带货"等新商业模式发展为新的产业。

二是社交应用向功能更融合、交互更便捷的方向发展，App入口面临挑战。2020 年 4 月，中国电信 3 家电信运营商联合产业界发布《5G 消息白皮书》，5G 消息被业界认为可能是 5G 时代的主要社交工具。5G 消息即 RCS[1]，是手机短消息服务的全新升级，以免注册登录、免安装应用的方式，融合了语音、消息、状态栏、位置服务等通信服务，除了具备微信当前的主要功能，还可以实现比微信小程序更加方便的企业对个人（B2C）服务，社交应用功能更加融合、交互更加便捷高效。5G 消息等新社交应用由于需要融合太多功能，牵涉面更广泛，技术实现难度更大，目前很难判断其发展前景。如果 5G 消息能够给用户带来较好的体验，那么它就有可能取代微信、Facebook 等，成

---

1 RCS（Rich Communication Services Suite，富媒体通信）。

为新的社交入口。如果 5G 消息不能取代微信、Facebook 等，那么也有可能出现一个类似 5G 消息的新产品来取代它们，例如元宇宙，元宇宙也被称为"Z 世代的社交平台"，它融合了视频、社交、游戏、购物、音乐等各种功能。

三是购物应用向线上线下融合的方向发展，沉浸式、娱乐化购物成为新时尚。在 5G 网络条件下，线上购物可构建与线下实景几乎完全一致的虚拟环境，实现线上线下购物流程的融合，为用户带来沉浸式体验，以娱乐化方式促进用户消费，重新定义"新零售"。如今实景虚景、线上线下完全融合的新购物应用尚处于探索阶段，应用场景比较有限，还需要较长时间培养用户消费习惯，但电信运营商已经做出尝试。电信运营商基于多接入边缘计算平台和云平台，对商业综合体进行实景扫描和数字化建模，在平台上搭建虚拟的商业综合体，并加载 MR、AR、云游戏等应用，用户可以访问平台在线购物并进行 AR 观景、AR 抢红包、云游戏，目前市场上已有成熟的智慧商业综合体应用。

四是数字音乐向超高清、无损音质方向发展，为用户提供超高清、无损的高品质体验。5G 网络将推动数字音乐产业升级，让在线畅听超高清、无损的数字音乐成为可能。2020 年 9 月，中国移动咪咕音乐联合腾讯音乐、拓标研究院、科大讯飞等行业机构，共同发布了《基于 5G 数字音乐超高清音质技术要求》团体标准，为超高清音质技术发展打下基础。咪咕音乐基于 5G 网络环境率先推出了至臻音质、臻 3D、极光音效等多种超高清音质体验服务，其中，至臻音质歌曲量已经超过

5万首。咪咕音乐作为国内数字音乐产业的领军者之一，基于中国移动9.7亿的移动用户群体和强大的品牌号召力，正在加大技术、内容、服务等方面的创新，发挥产业链主导者的作用，积极引领国内数字音乐产业进入超高清音质时代，迎来新的快速发展期。

五是数字阅读向"富媒书"方向发展，阅读场景和内容呈现形式更加丰富。在5G网络下，利用VR/AR技术，将实体图书内容以三维立体的形态展现出来，增强阅读的趣味性、易读性和感染力，并且还可以利用AR技术，将文字、图片、声音、视频、动画、超链接等多种形式融合，形成"富媒书"，让读者的视觉、听觉、触觉等同时参与"阅读"，以虚实结合的方式让读者同时享受多感官的阅读体验。5G"富媒书"应用已开始有一部分用户使用，但目前很难判断是否是用户的刚需。

六是移动游戏"上云"，极大提升端游和手游的便捷性体验。"5G+云"推动了游戏的算力上移，降低了游戏对终端硬件性能的依赖，极大地提升了游戏画面质量和响应速度，同时也将推动VR/AR、体感、交互类游戏终端等设备的发展，以及游戏内容和游戏模式等的变化，带来游戏场景的变革。现阶段5G云游戏应用解决了终端硬件性能制约的问题，但超高清、VR/AR等内容比较缺乏，用于游戏的智能终端设备种类还不够多，性能还需完善。

七是泛娱乐产业将主要由科技创新驱动而加速发展。影视、音乐、动漫、游戏、演艺、旅游、阅读、美术等数字文化产业在云、VR/AR等科技创新的驱动下，会加大可视化、交互性、沉浸式的数字文化产品和服务创新，形成新的产业形态和商业模式。

5G 带动消费互联网生态系统的发展，重点在人机交互方式上，可能会经历体验优化、交互应用创新、新应用体验发展 3 个阶段。第一个阶段为现有应用的体验优化，即通过互联网创新，不断优化社交、电商、搜索、视频等应用体验，例如视频直播应用会出现更多的体验场景，社交应用会融合更多功能等。第二个阶段为交互应用创新，即云游戏、VR/AR、超高清视听等应用内容创新突破，可穿戴、可视听等新的人机交互终端出现。第三个阶段为新应用体验发展，即新的人机交互终端和新应用融合发展、互相促进，带动 5G 应用繁荣，衍生出新一代消费互联网生态。

5G 应用创新的发展趋势如图 5-6 所示。

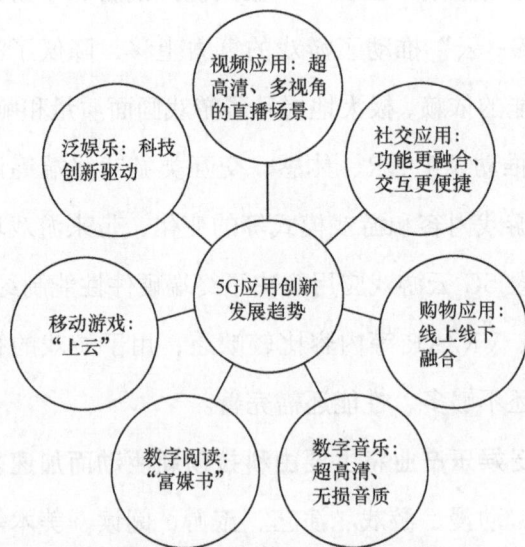

图 5-6 5G 应用创新的发展趋势

5.7 产业互联网生态系统

产业互联网是一个面向全社会的大概念，其构成要素主要包括工业硬件设备、产业互联网平台及千行百业的企业等。数字经济驱动产业互联网发展，其中，5G 与人工智能、云计算、大数据、区块链等新技术融合，推动全球产业互联网生态系统逐渐形成，但总体还存在数字化应用规模不大、数字化市场需求未被充分激发、新商业模式不够成熟、新技术仍需进一步突破等问题。

我国作为 5G 发展的引领者，在推动产业互联网数字化转型方面处于前列。"5G+ 工业互联网"已开始初步赋能，由技术验证、场景适配向规模化应用推广阶段转变，同时也面临较多挑战。本节以我国的产业互联网为例，分析当前产业互联网生态系统发展中存在的问题。

一是数字化应用规模不大。一方面，当前千行百业所处的数字化阶段各不相同，对数字化、网络化、智能化的需求差别较大，各行业需要个性化、有针对性的解决方案，很难进行规模化复制。例如，在生产制造业，生产设备种类多、产业链长、流程复杂、技术标准和协议不统一，工业品生产、化工生产、商品加工、机器制造等价值创造环节多，5G 等新技术应用需要适配的环境特别复杂。另一方面，电信运营商、设备制造商对传统企业的主要业务流程、工艺流程等理解不深入，缺乏将先进技术融入企业生产经营管理的经验，进行 5G 行业应用开发的成本高、行业应用方案提供商和应用集成公司不多、产业链创新能力和动力不足，无法有效支撑行业的规模化应用。

二是数字化市场需求未被充分激发。当前我国 5G 行业应用市场还没有被充分激发。综合对比《中国统计年鉴（2022）》的行业企业数据与工业和信息化部公布的 5G 应用企业数据可以得出，截至 2021 年年底，我国大型工业企业 5G 行业渗透率最高，达到 24.3%，而工业制造、医疗、钢铁、煤矿、电力和港口等重要行业的 5G 应用渗透率均不足 5%。通过进一步调查发现，目前，我国 5G 行业应用的主要场景是远程控制、信息采集和视频图像处理，主要被用于企业辅助生产类业务，基本未进入企业生产制造的关键环节。

三是新商业模式不够成熟。5G 行业应用的数字化平台初具规模，平台建设、运营、服务的能力还有待提升，产品服务和解决方案需要不断优化升级。5G 产业生态需要进一步完善，5G 行业终端、模组、芯片等的价格仍然高于企业可普遍接受的范围，行业终端和通用终端种类少、数量少。5G 行业应用还未形成多元化的盈利模式。5G 行业应用发展面临巨大的资金压力，需要进一步创新投融资模式。

四是新技术仍需进一步突破。5G 核心技术仍需进一步突破。5G 与云计算、大数据、AI 等新技术的融合仍需不断加强，5G 需要与工业控制网络进一步融合，深入工业现场控制层，构建新型网络体系，实现多场景替代，并最终融入工业体系，带动产业升级。

　　针对上述问题，政府层面要加大对 5G 协同创新等的政策扶持力度，聚焦重点行业分梯次推进 5G 行业应用，加快产业链协同创新。**一是加大对 5G 协同创新等的政策扶持力度。** 国家层面应持续加大 5G 发展政策支持，引导产业链上下游、信息通信行业与垂直行业开展 5G 协同创新；重点针对 5G 终端产业、方案提供和应用集成等产业链薄弱环节，加大政策扶持，激发产业链上下游的积极性，形成规模化效应，推动 5G 行业应用向规模化和低成本方向发展。地方政府应加快出台配套政策，鼓励头部企业先行先试 5G 行业应用，积极扶持中小企业以 5G 应用带动数字化转型升级。**二是聚焦重点行业，梯次推进 5G 行业应用。** 聚焦工业制造、医疗、能源、港口、电力、钢铁等重点领域，按照行业数字化转型对 5G 等新技术的需求程度，梯次推进 5G 行业应用，发挥重点行业对 5G 的带动效应。同时，通过政策扶持、机制保障等，充分发挥央企标杆示范效应，鼓励央企在核心生产环节深入运用 5G，推进行业标准制定，激发市场需求。**三是加快产业链协同创新。** 聚合产业界力量，加快推进面向行业应用场景的 5G 国际标准制定；加强 5G 公共服务平台建设，打造具有行业特点的数字化平台；加速 5G 与制造技术、生产核心环节的深度融合，努力为行业用户提供 "5G+ 平台 + 终端 + 应用" 的行业解决方案；积极探索 5G 连接收费、多量纲计费、切片经营服务费等多元化营收模式，以新的商业模式推动 5G 行业的规模化发展。产业互联网发展中存在的主要问题如图 5-7 所示。

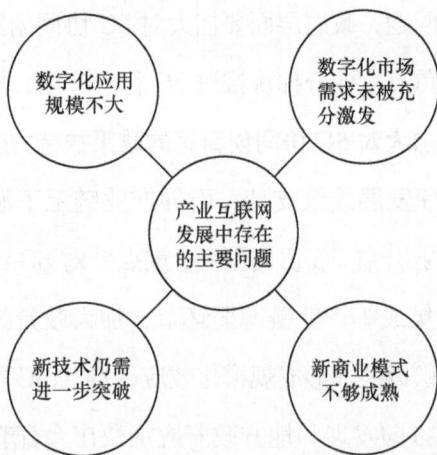

图 5-7　产业互联网发展中存在的主要问题

第六章

中国信息通信业发展

　　1871 年，丹麦大北电报公司开通上海至香港的电报水线，这是我国第一条现代意义上的通信线路。如果从这个时间节点开始算起，我国信息通信业已有 150 多年的发展历史。本章将我国信息通信业 150 多年的发展历史大致划分为 5 个阶段。本章在回顾我国信息通信业市场主要变化的基础上，总结发展规律，分析行业发展趋势，探讨未来的发展方向。

6.1　2008年之前我国信息通信业的发展

　　我国信息通信业在 2008 年之前的发展以电信业为主，大致分为 4 个阶段。

　　一是在中华人民共和国成立前，无线电台是主要的通信方式。1900 年前，我国仅在少数地方设有电报分局。从 1900 年开始，南京、苏州、武汉、广州、北京、天津、上海、太原、沈阳等主要城市先后开办电话局，使用磁石式电话交换机。1907 年，北京将电话改为共电式电话交换机，使用用户有 2000 户以上。1913 年，北京成立无线电报局。1919 年，北京无线电报局设立远程收报处，开始接收欧美各国和地区的广播新闻。1924 年，上海开始使用自动电话交换机。1927 年，沈阳国际无线电台与德国建立国际电报电路。1928 年，全国建立了 27 个短波无线电台。1931 年，我国建成第一条长途电话地下电缆，山东、江苏、浙江、安徽、河北、湖南等地先后开办了省内长途电话业务。此后，上海、南京、天津、青岛、广州、杭州、汉口等城市陆续开办市内自动电话局。1935 年，我国建成总长 3173 千米的江苏、浙江、河北等 9 地长途电话电路。1936 年，我国在上海与日本东京之间开通第一条国际无线电话电路。1947 年，上海国际电台开办传真业务。1948 年，上海与美国旧金山开办单向无线电相片传真业务。1949 年，全国仅有城市市内电话31 万门，其中人工电话 10 多万门，各省会城市和大中城市之间的电信联系主要依靠无线电台。全国除沿海个别县城有电话，90% 以上的县没有电信设施。

二是从 1949 年到 1978 年，我国通信业实现从基本无到基本有，通信基础设施仍然较差，通信能力比较落后。 1950年，我国开通第一条国际有线电话电路——北京至莫斯科电话电路，并陆续开通由苏联转接至东欧各国的国际电话电路。1951 年，北京国际电台建成开通。1952 年，我国首次开通明线 12 路载波电话电路，并先后开办北京至莫斯科的国际相片传真业务及北京至上海的相片传真业务。1956 年，北京长途电话局开办会议电话业务。1959 年，北京与莫斯科开通国际用户电报业务，北京市内电话号码由 5 位升为 6 位。1970 年，我国发射第一颗人造卫星——"东方红一号"，研制出 960 路微波通信系统 I 型机。1974 年，我国通过印度洋上空的国际通信卫星，与亚非各国和地区开通了卫星通信直达电路。这一年，我国研制出石英光纤。1978 年，我国研制出多模光纤光缆。1978 年，我国电话普及率仅为 0.38%，全国有电话交换机 406 万门、长途自动交换机 1863 路端，很多地方的长途通信需要依靠人工提供中继服务。

三是从 1978 年到 1998 年，在政策的支持下，我国通信

事业开始大发展，互联网开始起步。1982 年，福建福州引进并开通 1 万门日本富士通程控电话交换机。1984 年，我国成功发射"东方红二号"试验通信卫星，利用该卫星进行了电视传输、声音广播、电话传送等试验。1985 年，上海贝尔组装了第一批 S-1240 程控电话交换机并投入使用。1986 年，我国首次利用卫星开通国内长途电话业务。1987 年，我国开通湖北武汉至荆州、沙市的第一条长距离 34Mbit/s 架空光缆通信系统，在广州开通第一个移动通信电话局。1988 年，我国发射了第一颗实用通信卫星。1989 年，我国在安徽合肥至芜湖开通第一条 140Mbit/s 单模光纤长途干线。1990 年，上海引进美国摩托罗拉的 800MHz 集群移动通信系统。1992 年，我国在广东南海开通第一个 168 自动声讯台。1993 年，我国在浙江嘉兴开通第一个数字移动电话通信网，即 GSM 网络。1994 年，我国实现与国际互联网连接。1995 年，香港开通世界上第一个商用 CDMA 移动通信网，我国诞生了第一家互联网公司。1996 年，中国公用计算机互联网全国骨干网建成，并开始在全国范围内提供服务。1998 年，我国出现了新浪网、搜狐等门户网站和 QQ 即时通信业务。这一时期，在电信业方面，我国固定电话、移动电话、互联网通信能力快速提升，用户迅速增长，拉动电信业务总量和业务收入均保持两位数增长，电信业务收入年均增长率达 26.9%。特别是从 1988 年到 1998 年，电信业务收入年均增长率达 42.2%。在互联网行业中，1998 年 6 月，我国互联网用户数超过 100 万。

　　四是从 1998 年到 2008 年，我国电信业平稳发展，缩小与全球通信业的差距，并开始在市场发展等方面实现赶超，互联网持续快速发展。这一阶段，我国电信业持续深化改革，进行了 3 次电信重组；通信技术完成从模拟向数字的转换，通信业务种类全面发展，通信能力和业务总量持续翻番，收入增长基本与 GDP 增长保持一致。2001 年，我国移动电话用户数超过 1.4 亿，位居世界第一。2002 年，我国固定电话用户数超过 2 亿，位居世界第一。在互联网方面，新闻资讯、即时通信、电子邮件、电子商务、搜索引擎、网络游戏、网络音乐、社交、博客、BBS 论坛、网络视频等各类业态先后出现，互联网用户数持续快速增长，2006 年用户数超过 1 亿，2007 年年底用户数超过 1.6 亿。

6.2 3G时代

　　2008 年是我国信息通信业发展史上极其重要的一年，这一年，我国信息通信业和互联网均发生了重大变化。2008 年 3 月，国务院进行机构改革，设立工业和信息化部。2008 年 5 月，信息通信业开始第 4 次重组。2008 年 6 月底，我国互联网用户数达到 2.5 亿，用户规模首次跃居世界第一。

　　从 2008 年开始，中国信息通信业的宏观政策、经济社会、市场发展、技术发展等环境发生了前所未有的深刻变化。站在 2008 年我国通信业第 4 次重组的时间节点上，我们可以看到，通信业在此前的改革发展中，已基本完成了普遍服务，并将从此开启"以信息化带动工业化，以工业化促进信息化"的"两化"融合新征程。综合分析，推动我国信息通信业第4次重组主要有以下4个因素：一是我国通信市场结构不均衡；二是固定电话业务日趋萎缩；三是下一步电信市场开放的要求；四是信息化与工业化融合发展的需要。进行信息通信业第4次重组的主要设计思路是以增量发展平衡市场结构，以3G发展来建立新的市场结构，传统业务结构则由市场自行调整。其主要目的是通过行业重组实现产业升级，更加充分地发挥信息通信业拉动国民经济发展的作用，这也是国家赋予信息通信业发展的历史使命。

2008年5月，工业和信息化部、国家发展和改革委员会、财政部联合发布《关于深化电信体制改革的通告》，公布通信业第4次重组方案，主要内容是中国电信收购中国联通CDMA网络（包括资产和用户），同时将中国卫通的基础电信业务并入，中国联通与中国网通合并，中国铁通并入中国移动。我国信息通信业从此进入中国电信、中国联通、中国移动3家电信运营商竞争阶段。2008年7月，中国电信与中国联通签署最终协议，以1100亿元收购中国联通CDMA网络及澳门联通、联通华盛公司。2008年10月，新联通正式成立，名为"中国联合网络通信有限公司"，中国网通正式退出历史舞台。2008年12月，中国电信发布移动业务品牌"天翼"，并在部分省市试商用189号段，全面转型为全业务运营商。此时，中国通信市场上有移动用户6.4亿户，宽带用户8000万户，传统业务还有市场发展空间，全业务经营也将谱写信息通信业转型与变革的新篇章。

2008 年 6 月底，我国互联网用户数首次跃居世界第一，并继续保持快速增长的发展势头，截至 2008 年年底，互联网用户数已达 2.9 亿，为我国互联网产业的发展打下了良好的基础。这一年，受国际金融危机的影响，我国互联网市场中的多家上市公司股价跌破发行价，融资难度加大。但在2008 年北京奥运会等事件中，我国互联网行业发挥了重要的新媒体作用，例如，搜狐等视频网站获得北京奥运会视频转播授权，不断提升互联网作为主流媒体的地位。在电商市场上，京东商城的 3C（电脑、通信和消费电子）网购业务快速增长，开辟出 B2C 网上零售平台新领域。与此同时，我国政府加大对互联网市场的监管力度，先后处理多家涉及低俗内容的网站。

在 3G 时代（2009 年—2013 年），经济社会环境、市场发展环境、新技术新应用等多种因素交织，使国内外的信息通信业发生了巨大变化。对于这一阶段的国内信息通信业，行业专家和学者莫衷一是。本节按时间线列举信息通信业和互联网行业的主要变化及标志性事件。

2009 年 1 月，3G 牌照发放，3 家电信运营商开启各制式3G 网络建设，开展全业务运营，固网与移动网融合发展成为趋势，行业发展得到优化。2009 年 4 月，中国电信开始在全国范围内发放 3G 号码，率先推出固网业务与移动业务融合套餐。到 2009 年年底，中国电信的 CDMA 制式 3G 网络已覆盖全国 31 个省（自治区、直辖市）、500 多个城市、2055 个县市和 6000 余个乡镇，是我国覆盖最广、质量最好的 3G 网络。同时大力推动 3G 终端产业链发展，CDMA 手机达 500 余款。2009 年，中国电信固网与移动网融合用户比例达 1∶1，移动业务收入拉动整体业务收入增长 16%。2009 年 10 月底，中国联通率先引入苹果公司 iPhone 智能手机，并进一步发挥全球 WCDMA 产业链优势，推出第一款低于千元的 3G 手机。到 2009 年年底，中国联通 WCDMA 网络已覆盖全国 335 个大中城市，成为全球最大的 WCDMA 商用网，发展 3G 用户 200 多万户。中国移动完成 TD-SCDMA 网络三期工程建设，网络覆盖全国 70% 以上的地市，发展 TD-SCDMA 用户 500 多万户。在 3G 发展元年，3 家电信运营商完成 3G 网络投资 1609 亿元，建成 3G 基站 32.5 万个。

2009 年，我国互联网行业资本市场风起云涌，同时网络健康发展与安全问题显现。2009 年 6 月，盛大公司收购上市公司华友世纪，随后又分拆盛大游戏上市，收购视频网站酷6，合资成立盛世影业，业务领域向影视娱乐拓展。2009 年 9 月，新浪公司管理层重新取得公司运营控制权，解决了长期困扰的股权分散问题。在互联网业务快速发展的同时，网络健康和安全问题凸显，我国政府加大对互联网市场的整顿，强力打击网络低俗、非法盗版等行为，3 家电信运营商停止无线应用协议（Wireless Application Protocol，WAP）网站的所有 SP 服务，大量 WAP 网站迅速关闭。2009 年 5 月，国内最大第三方 DNS 解析商——DNSPOD 遭遇"黑客"攻击，10 万个域名无法解析，造成江苏省、安徽省、广西壮族自治区、海南省、甘肃省、浙江省陆续出现大面积网络故障，向人们敲响网络安全的警钟。2009 年，微博在我国广泛应用，新浪等众多网站推出了各自的微博。

2010 年，我国电信运营商加快光纤宽带和 3G 网络的建设，固网宽带和移动上网的用户数快速增长。中国电信大力推进"光进铜退"，实施宽带提速工程，同时加快 3G 网络建设，累计建成 3G 基站 14.3 万个，3G 网络覆盖全国所有县级以上城市和 77% 的乡镇；进一步繁荣 3G 终端产业链，终端厂商增加到 270 家，在售终端达到 751 款，3G 手机平均价格比 2010 年年初下降 49.5%。截至 2010 年年底，中国电信的移动用户接近 1 亿户，超过 CDMA 网络运营商 Verizon Wireless 的用户数，成为全球最大的 CDMA 网络运营商。中国联通累计建成 3G 基站 18.3 万个，同比增长 70.8%，3G 网络覆盖全国县级以上城市和东部发达乡镇；建成 GSM 基站 32.9 万个，同比增长 15.5%，GSM 网络已覆盖除边远地区外的所有乡镇和绝大部分行政村。中国移动在拓展新用户、新话务、新业务的基础上，积极探索新模式，拓展物联网、无线城市、移动互联网应用等新领域，建立了无线音乐、互联网、手机游戏、手机阅读、电子商务、手机视频、物联网等九大基地，在全国搭建了 20 多个"无线城市"平台。截至 2010 年年底，3 家电信运营商的固网宽带用户达 1.26 亿户，全年净增 2236 万户；固定电话用户为 2.9 亿户，减少 1935 万户，主要为无线市话（小灵通）减少 1736 万户；移动用户 8.6 亿户，全年净增 1.1 亿户，创历史新高；其中 3G 用户达 4700 万户，增长 2.8 倍。但固网宽带和 3G 发展对行业收入的拉动不足，同时固网语音业务收入快速下降，例如中国电信下降约 20%，导致全国电信主营业务收入同比仅增长 6.4%。我国信息通信业的收入已连续 3 年为个位数增长，低于 GDP 增幅。

我国信息通信业收入连续 3 年为个位数增长，这种近 20 年来从未有过的现象，引起行业的深度思考。此时，全球领先的电信企业纷纷提出转型计划，但并未出现成功的案例。我国电信专家比较一致的观点是，电信转型主要包含网络转型、IT 系统转型、业务应用转型和商业模式转型等，但对于各类转型的内涵、方向及各类转型之间的逻辑关系看法不一。其中影响较大的是"去电信化"的观点，该观点认为电信运营商想要成功转型，首先必须进行"去电信化"改造，除了体制机制，还需要从观念和技术理念上实施一系列深刻的转变，未来，电信运营商仍将继续以"管道"为主，但应该扩展服务内涵，向信息服务业延伸，包括娱乐业和媒体业的部分领域。

2010 年，我国互联网行业获得了较好的发展，部分领域市场竞争激烈。乐视网、优酷网等视频网站，麦考林、当当网等电子商务网站及搜房网等相继上市，其中，麦考林作为中国首家在纳斯达克上市的服装类垂直 B2C 企业，推动了资本市场向我国垂直类电子商务网站提供风险投资。微博、团购等新兴领域展开了激烈的市场竞争。在微博市场上，新浪微博与搜狐微博展开娱乐行业明星、网络名人抢夺战；在团购市场上，"百团大战"迅速演变成"千团大战"，团购成为各类网站的标配；在网络安全领域，腾讯和奇虎360的一场"3Q"大战，引发了全民对网络安全问题的关注。到2010年年底，我国互联网用户达4.6亿户，全年净增7300万户，同比增长19.0%。

2011年，我国信息通信业加快转型升级，积极推进3G和宽带网络基础设施建设，大力发展移动互联网业务，并带动智慧城市建设热潮。中国电信提出"新三者"转型升级2.0战略，发布"十二五""宽带中国·光网城市"规划及云计算战略，建立了八大增值业务基地。中国联通3G业务成为推动企业发展的第一驱动力，加快实施光纤入户和光进铜退，"沃家庭"等融合业务发展取得成效。中国移动实施可持续发展战略，在"移动改变生活"愿景的指引下，坚持创新拓展，着力再造核心能力，深化落实卓越工程。我国3G进入规模化发展，到2011年年底，3G基站数量达80万个，3G网络已覆盖所有城市、县城及部分乡镇。移动电话用户超过10亿户，全年净增1.4亿户；其中3G用户1.3亿户，净增0.8亿户，增长1.7倍；宽带用户1.5亿户。这一年，我国电信主营业务收入完成9879.8亿元，比2010年增长10.1%，是3G业务开展以来首次实现两位数增长，其中，数据业务收入首次超过语音业务收入。

随着3G网络覆盖范围的扩大和网速的提升，"千元大屏"智能手机热销，移动互联网和应用开始兴起。微信在2011年年初出现，QQ等互联网社交应用向移动互联网转移。2011年5月，支付宝等27家机构获得"非金融机构支付业务许可"，打开了第三方支付应用的绿灯。2011年10月，小米手机开售，进一步降低了移动互联网的门槛。强劲的移动互联网发展势头吸引了更多资本投入，奇虎360、人人、网秦、世纪佳缘、凤凰新媒体、淘米网等互联网公司相继在国外上市。与此同时，中国第一家赴美上市的互联网公司——中华网，成为第一家申请破产的赴美上市中国互联网公司。移动互联网的兴起也引发了更多网络信息安全问题，2011年12月，国内知名程序员网站CSDN遭到"黑客"攻击，600多万用户的登录名、密码及邮箱等信息被泄露。随后天涯社区、人人网、开心网、新浪微博等多家网站也被曝出用户信息泄露。到2011年年底，我国互联网用户达5.1亿户，增速逐渐放缓，但手机上网用户增速加快，同比增长了17.5%，达3.6亿户。

2012年，移动互联网时代全面到来，电信运营商面临双重压力：一方面，数据流量快速增长导致电信运营商网络的压力不断增大，但数据业务收入并没有同步增长，"量收剪刀差"越来越大；另一方面，OTT业务强烈冲击传统电信业务，互联网公司成为数据流量之王，电信运营商沦为"管道"的趋势明显。在双重压力下，电信运营商加快业务转型的步伐。中国电信围绕创新和服务双领先推动规模发展的主线，深入实施规模经营和流量经营两大策略，初步形成新兴业务战略布局，成立云计算公司，实现游戏、阅读基地公司化运营，完成天翼视讯公司首轮私募。中国联通推进3G精

品网络建设，实施"三领先""六统一"策略，持续加强 3G
网络覆盖，实施宽带网络升级提速。中国移动明确"战略转
型、改革创新、反腐倡廉"的战略思路，实施移动互联网发
展、全业务发展、"四网"协同发展的总体策略，以更加开放、
互动、创新、包容的态度加快移动互联网平台建设和业务应
用发展。截至 2012 年年底，我国电信业务收入 1.08 万亿元，
同比增长 8.9%。其中，移动通信业务收入 7933.8 亿元，增
长 10.6%，占电信业务收入的比重上升到 73.7%；固定通信
业务收入 2829.1 亿元，增长 4.9%。移动电话用户净增 1.2
亿户，总数超过 11 亿户；其中，3G 用户净增首次突破 1 亿户，
总数达 2.33 亿户；宽带用户 1.8 亿户。

　　2012 年，我国的移动互联网时代全面到来，移动互联
网产业全面加速发展，从此驶入快车道，引起全球业界的强
烈关注。从这一年开始，中国真正"拥抱"移动互联网。移
动互联网产业有四大要素，即操作系统、硬件、手机厂商和应
用服务，所有阻碍移动互联网发展的问题——网络、终端、应
用、资费、用户规模等被一一突破，产业生态里的所有环节共
同加速发展。

　　在移动互联网时代来临的大环境下，我国互联网产业加
快市场布局。多家互联网企业纷纷开始做手机，抢占移动互
联网入口。微信用户接近 3 亿，开始大力拓展国际市场，推
出英语、俄语、印度尼西亚语、葡萄牙语、泰语等 17 个语
言版本的社交应用服务，发展海外用户超过 2000 万户。在
视频内容市场，分别排名第一和排名第二的两家上市公司——

优酷网与土豆网以 100% 换股的方式合并，开创了我国互联网行业资本运作的先例。

2013 年，在移动互联网业务和应用全面繁荣发展的同时，移动通信市场的增量空间逐渐收窄。2013 年 8 月，国家发布"宽带中国"战略，首次将宽带明确定位为"经济社会发展的战略性公共基础设施"。2013 年 12 月，工业和信息化部发放 4G 牌照。2013 年，中国电信坚持量质并重，加快规模发展，加大创新力度，积极拓展新兴领域，内蒙古云基地投产，贵州云基地开工建设，初步形成云数据中心布局，并成立首个国家重点实验室——移动互联网安全国家工程实验室。中国联通深化"调结构、提质量、强支撑、增活力"，加快重点业务发展，改善发展效率和资源使用效率，以全业务电子商务为抓手推进商业模式转型。中国移动着力提升网络能力、营销能力、管理能力和队伍能力，加快转变发展方式，调整发展结构，大力推进存量经营、流量经营，做好集客经营，提升发展质量和效益。2013 年我国电信业务收入达 1.17 万亿元，同比增长 8.5%，连续 3 年高于同期 GDP 增速。移动用户 12.29 亿户，同比增长 10.5%，其中 3G 用户超过 4 亿户；宽带用户 1.89 亿户，同比增长 11.2%，其中 4MB 及以上宽带用户占比 78.8%。至此，移动用户红利时代接近尾声。

2013 年，我国移动互联网市场竞争激烈，竞争主题是向应用内容层扩展，主要分为 3 个阶段。第一阶段是各种各样的专业市场 App 蜂拥而至，数量很快超过 10 万个，App

与综合应用商店抢夺入口，综合应用商店自此整体走向衰落。第二阶段是很快形成一群用户规模在千万级、亿级的超级App。第三阶段是百度、阿里巴巴和腾讯以大规模投资、并购的方式在各自的移动互联网领域布局。百度、阿里巴巴和腾讯凭借雄厚的资金和专业技术实力，抢占移动互联网发展先机，拉开竞争的序幕。

总体来看，3G 时代这 5 年间，我国信息通信业最大的变化是从信息通信需求主导时代转向了移动互联网时代。通信业在完成第 4 次重组之后，以全业务融合发展为主线，不断扩大移动和宽带市场规模，积极探索改革和业务转型之路，大规模布局移动互联网领域，并取得了一定的成效，电信市场结构失衡的情况有所缓解，以信息化带动工业化发展取得较大进展。但同时面临移动用户红利逐渐收缩、互联网业务代替传统电信业务的难题，在与互联网企业的竞争中，电信运营商未能有效发挥资源优势，未能实现新的市场领域突破。我国互联网行业的众多企业抓住 3G 发展时机，积极开展业务应用创新，利用资本市场快速拓展业务领域。

当我们对这一阶段的变化进行总结时发现，信息产品开始逐渐融入信息服务，信息消费服务的形态正在发生变化，人们的信息通信需求已基本得到满足，信息需求被激活。一是信息来源和内容变了；二是信息传播途径变了，App 成为主要入口，固线互联网被快速代替；三是信息传播时间和场景变了，可随时随地传播；四是信息传播速度变了，移动互联网的传播速度比固线互联网提高了数倍。移动互联网的这些特点，会随着产业的发展而不断被放大。同时，我们发现，信息通信业更加深入经济社会发展的各个领域，推动经济转型与社会进步，它对经济社会发展的带动效应超过了自身的产业发展。在信息通信业的带动下，信息消费时代真正到来。3G 时代我国信息通信发展标志性事件如图 6-1 所示。

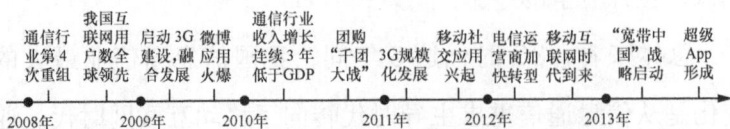

图 6-1　3G 时代我国信息通信发展标志性事件

6.3　4G时代

2013 年 12 月，工业和信息化部正式向 3 家电信运营商颁发 TD-LTE 牌照，这意味着我国开启了 4G 时代。此前，国际上已经统一 4G 移动通信国际标准，明确了 TD-LTE 与 LTE FDD 两种制式融合发展。我国先颁发 TD-LTE 牌照，实际上为中国移动发展 4G 业务提供了先机。

从 2G 跟随、3G 突破，到 4G 同步，TD-LTE 与 LTE FDD 两种制式融合发展，我国通信产业实现了重大突破，这是全产业链共同努力的结果，对于我国加快实现科技自立自强具有十分重要的意义。回顾 TD-LTE 的发展，这一过程既艰辛又漫长。2003 年，中国移动主导的"LTE TDD/FDD 融合组网增强"项目在 3GPP 立项，在国际技术标准发展中占据有利位置。此后，中国移动牵头，一方面，围绕更高效的 TDD/FDD 融合组网目标，聚合产业链力量，研究制定技术方案，在 TD-LTE 领域持续开展网络技术及通信设备、终端、芯片等产业链技术攻关，不断取得技术突破；另一方面，加强国际的技术交流与合作，促进国际技术标准融合与共通，全力拓展 TD-LTE 商用网络。2011 年，中国移动联合印度 Bharti、日本软银等 7 家国际运营商共同发起成立 TD-LTE 全球发展倡议（Global TD-LTE Initiative，GTI），建立我国主导的第一个通信领域国际组织。2013 年11 月，全球已有 18 个国家开通了 23 个 TD-LTE 商用网络，其中，日本软银、沙特 Mobily 的 TD-LTE 用户均已超过200 万户。GTI 成员已有 71 家电信运营商和 62 家设备商及合作伙伴。

2014 年，在移动用户增速明显放缓、互联网应用加速代替电信业务的形势下，电信运营商加快 4G 网络和光纤宽带网络建设，新增移动通信基站 98.8 万个，同比增长 29%，带动移动用户净增 5698 万户，总数达 12.86 亿户；宽带用户突破 2 亿户，其中光纤宽带用户占比 34.1%。宽带基础设施日益完善，"光进铜退"趋势明显。2014 年，中国电信在 102 个城市部署 TD-LTE 网络，在 41 个试点城市部署 LTE 混合网络，在加大 4G 和光宽带网络建设的同时，"划小承包"等改革成效显著。中国联通发布"双 4G 领先计划"，在 56 个城市开展混合组网试验。中国移动大规模开展 4G 网络建设，2014 年建设近 70 万个 4G 基站，基本实现县级以上城市和发达乡镇覆盖，与 3G 时代总共建设了不足 50 万个 TD-SCDMA 制式 3G 基站相比，建设速度提升数倍。

中国移动还率先发布 4G 品牌并大力发展用户，到 2014 年 10 月，已发展 5000 多万个 4G 套餐用户。但是，在 4G 发展元年，移动和宽带增量市场已经不足，导致行业收入增长乏力，再加上营业税改增值税的影响，我国信息通信业出现了近 30 多年来从未有过的收入负增长，2014 年业务收入同比负增长 1.6%，"量收剪刀差"进一步扩大。

2014 年，中国互联网行业持续快速发展。在浙江乌镇举办的首届世界互联网大会，标志着我国互联网行业在经济社会中越来越重要。行业快速发展的主要驱动力来自移动互联网，这也意味着移动互联网市场存在更加激烈的竞争，竞争的主题是线上到线下（Online to Offline，O2O）业务。一方面，我国互联网金融市场火爆，腾讯和阿里巴巴先后获得民营银行牌照。另一方面，资本加速运转，阿里巴巴先是整体收购高德地图，然后全资收购 UC 优视，对 UC 优视约 40 亿美元的并购价格创下国内互联网行业新纪录，接着其在纽约上市，成为美国历史上最大一笔 IPO；腾讯入股大众点评和京东商城，投资医疗健康互联网公司丁香园；京东商城、新浪微博、迅雷、陌陌、智联招聘等 15 家中国互联网公司登陆纳斯达克和纽约证券交易所；小米公司 D 轮融资达 10 亿美元。

2015 年，我国信息通信业发展仍然乏力。一方面，在宏观经济增长趋缓、移动通信市场接近饱和、OTT[1] 代替电信业务等多重因素的影响下，全行业业务收入进一步下滑。

---

1 OTT 指 Over The Top，通过互联网向用户提供各种应用服务。

2015 年，3 家电信运营商加大 4G 网络建设力度，争夺网络领先优势，共建成移动通信基站 127.1 万个，基站总数达 466.8 万个，其中新建 4G 基站 92.2 万个，总数达 177.1 万个。中国电信加快建设 4G 和光纤宽带网，开展 4G 和宽带网络提速提质行动，加快宽带网络光纤化改造，将四川率先打造成全光网省；推出 4G "五优" 服务（网络感知好、业务更贴心、渠道更便捷、终端更特色、关怀更周到），提升宽带装维服务能力，所有地市具备小区宽带即销即装能力。中国联通深化实施 "移动宽带领先与一体化创新" 战略，坚持以提质增效为中心，推进重点业务发展，探索推进重点领域改革。中国移动加快创业布局和创新发展，推进体制机制改革，着力转型突破，提升发展质量和效益，以扩大 4G 用户规模为抓手，进一步提升营销能力，加快 2G、3G 用户向 4G 转化，加快布局发展以数字化服务为代表的第 3 条增长曲线。

另一方面，云计算、大数据、物联网等新技术兴起，"万物互联" 的概念开始广为人知。业内专家提出以 SDN、NFV、云计算为标志的新一代电信网架构，提供了网络智能化转型思路。同时，业内领先者已敏锐地意识到，在 4G 网络下，视频业务正在爆发，它将不再是增值业务，而是基础性业务。2015 年，电信业务收入 1.13 万亿元，同比负增长 2.04%。移动电话用户净增 1964.5 万户，总数达 13.06 亿户。固定互联网宽带接入用户净增 1288.8 万户，总数达 2.13 亿户。其中，光纤接入用户净增 5140.8 万户，达 1.2 亿户；8Mbit/s 以上宽带用户占比达 69.9%。IPTV 用户达 4589.5

万户。

2015 年，《政府工作报告》首次提出，"制定'互联网＋'行动计划，推动移动互联网、云计算、大数据、物联网等与现代制造业结合，促进电子商务、工业互联网和互联网金融健康发展，引导互联网企业拓展国际市场"。互联网逐渐跳出一个行业的范畴，成为整个经济社会发展的新引擎。互联网作为数字化浪潮的主要驱动力，与实体经济融合程度不断深化、范围不断拓展，推动数字经济成为经济高质量发展的新引擎、新模式、新空间。我国互联网市场呈现先热后冷的发展趋势。"热"是因为各类互联网平台快速发展，带动消费升级，出境游、周边游、跨境电商、媒体电商、专车、健身等一系列应用服务迅速普及，用户的移动互联网消费习惯已培养出来。"冷"是由于受到美国科技类股票表现低迷的影响，2014 年在美国上市的 15 家互联网企业整体受挫，2015 年下半年 A 股暴跌，IPO 关闭，受二级市场影响，资本市场迅速收缩投资。随着资本"寒冬"降临，打车、外卖、旅游、行业、生活服务等领域的头部公司纷纷进行合并。

2016 年，3 家电信运营商的 4G 和光纤宽带网络均基本建成，并在 4G、宽带业务的发展上展开激烈竞争。这一年，3 家电信运营商均发布转型战略。中国电信提出"三化五圈"的转型升级 3.0 战略，全面推进网络智能化、业务生态化、运营智慧化；发布《中国电信 CTNet2025 网络架构白皮书》，构建高容量、大带宽、多层次的网络安全防护体系。中国联通全面实施聚焦战略，加快弥补 4G 网络短板，提升网络能力；积极探索与互联网企业合作，开展移动互联网营销。中国移动以"大连接"战略打造产业新生态，明确了做大连接规模、做优连接服务、做强连接应用的战略内涵；坚持"四轮驱动"融合发展，推进业务转型升级；持续提升 4G 网络品质，构筑 4G 领先优势。2015 年我国移动数据流量快速增长，拉动信息通信行业收入同比增长 5.4%。到 2015 年年底，移动用户达 13.2 亿户，同比增长 3.9%；宽带用户 2.97 亿户，同比增长 14.7%。同时，电信运营商和互联网公司在市场发展上的差距越来越大。2015 年 9 月，腾讯公司市值超过中国移动，成为当时亚洲市值最高的公司。电信运营商是否还具有产业链主导地位，成为业界热议的话题。

2016 年是我国资本市场的"寒冬"，IPO 暂停直接拉低了基金的投资回报率，造成互联网市场资金短缺，创业机会骤减，但"寒冬"阻挡不住移动互联网技术与应用爆发的热潮。首先，2016 年是全球技术爆发年，AI、云计算、VR 等新技术投入运用，AI 平台与应用相互促进，VR 消费级产品发布；我国云计算市场进入成熟期，AWS、Azure 等国际巨头与国内云服务商竞争加剧。其次，2016 年是网络直播和自媒体应用爆发年，全国在线直播平台数量超过 200 家，其中，欢聚时代、9158 两家公司上市，另外，斗鱼和映客两个直播平台的估值分别达到 25 亿美元、70 亿元人民币；内容创业、网红经济成为自媒体应用的代表形态，自媒体逐渐产业化。在资本市场的驱动下，我国互联网行业持续加大并购，在各个领域加快布局。影响较大的并购案例有，时尚购物平台"美丽说"与"蘑菇街"合并，中国平安收购"汽车之家"47.7%的股权，美团旗下"猫眼电影"平台卖给光线传媒，乐视入股酷派成为其第一大股东，京东收购"1号店"，沃尔玛作为"1号店"的控股股东获得京东5%的股份等。

2017年，光纤宽带网络建设基本完成，NB-IoT建设全面启动，5G试点开通。4G、宽带业务发展竞争更加激烈，对智能手机第二卡槽的争夺在加剧4G市场竞争的同时，还把"战火"引入宽带市场。电信运营商加强产业链聚合，打造合作生态。2017年8月，中国联通出台混改方案，引入"战投＋定增＋股权转让＋员工持股"的混改方式。2017年9月，世界首条量子保密通信干线——"京沪干线"正式开通。这一年，中国电信制定"三大目标、三大任务、三化转型"战略，"三大目标"为建设网络强国、打造一流企业、共筑美好生活，"三大任务"为加强信息基础设施建设、深化"四个融合"、提高全要素生产率，"三化转型"为网络智能化、业务生态化、运营智慧化；积极探索五大生态圈融通互促发展，带动用户规模持续扩大，经营效益不断改善，移动用户份额升至行业第二，经济附加值指标实现转正。中国联通深化实施聚焦战略，保持战略定力强基础，坚持问题导向破瓶颈，经营业绩实现反转，混合所有制改革取得实质性突破。中国移动以实施"大连接"战略为主线，推进移动、家庭、政企、新业务市场"四轮驱动"融合发展，收入结构发生根本变化，无线收入占比首次超过50%，家庭市场和政企市场收入增长贡献进一步加大，数字化服务收入高速增长。2017 年，我国手机上网进入"G 时代"，全年户均移动互联网接入流量每月达 1.78GB，移动数据流量仍然是信息通信业收入增长的首要因素，拉动行业收入同比增长 6.6%。2017 年年底，移动用户达 14.2 亿户，同比增长 7.5%，移动电话用户普及情况为每百人 102.5 部；宽带用户 3.49 亿户，同比增长 16.8%，电信业完成 3.2 万个行政村通光纤的电信普遍服务任务。

2017 年，我国互联网行业仍保持高速增长。中国互联网协会、工业和信息化部信息中心联合发布的《2017 年中国互联网企业 100 强分析报告》显示，中国互联网百强企业的互联网业务收入总规模达 1.07 万亿元，首次突破万亿大关，同比增长 46.8%。互联网百强企业收入占信息消费的比重达 27.43%，较 2016 年提高了 4.66 个百分点，带动信息消费增长 8.73%，贡献率比 2016 年提升 0.63 个百分点，对经济增长的贡献进一步加大。其中，72 家企业互联网业务收入增速超过 20%，31 家企业实现了 100% 以上的超高速增长。2017 年，我国市值排名前 10 位的互联网企业依次为腾讯、阿里巴巴、百度、京东、网易、新浪、搜狐、美团、携程、360。其中，腾讯是亚洲首家市值超过 5000 亿美元的科技公司，也是仅次于苹果、谷歌、微软、亚马逊的全球第五大科技公司。2017 年，共享经济在我国兴起，市场上各类共享项目既有竞争焦点，又有创业热点，短视频市场同时期爆发。同时，我国网络安全威胁态势更加严峻，移动互联网的恶意程序数量迅速增长，针对关键信息基础设施的攻击频率增强，物联网安全、勒索病毒传播、僵尸网络肆虐、网络攻击、网络诈骗、信息泄露等问题日渐突出。

2018年，手机第二卡槽争夺和宽带市场竞争进一步加剧，移动数据流量对行业收入的拉动作用减弱，信息通信业基础业务价值快速下降。同时，产业数字化发展加速，行业云应用兴起。云计算、大数据、物联网等新兴业务成为行业增收的主要来源，行业普遍认为NFV与NB-IoT代表着网络技术的发展方向。2018年10月，工业和信息化部叫停不限流量套餐，3家电信运营商加大行业协同发展力度。中国电信持续推进网络智能化、业务生态化、运营智慧化，完成800MHz频段网络重耕、VoLTE业务试商用，移动过网用户份额突破20%，企业中台持续完善；深化企业改革，成立智慧家庭公司和新的物联网公司，形成云、DICT[1]应用、智慧家庭、物联网等能力中心新布局；重构研发体系，成立中国电信研究院；发布《中国电信5G技术白皮书》，在全球信息通信行业首次全面阐述5G技术观点和总体策略，提出5G"三朵云"目标网络架构。中国联通推进混合所有制改革和互联网化转型，持续完善4G网络覆盖，不断提升网络规模与效能。中国移动主动顺应网络技术演进趋势和万物互联时代特征，积极应对市场竞争更加激烈、传统业务加速下滑等挑战，持续推动移动市场、家庭市场、政企市场和新业

1　DICT：数据技术（Data Technology，DT）、信息技术（Infomation Technology，IT）、通信技术（Communication Technology，CT）的统称。

务市场融合发展，促进收入结构优化和增长动能转换。2017
年信息通信业收入突破 1.3 万亿元，同比增长 2.9%。移动
用户达 15.7 亿户，同比增长 10.5%，其中，4G 用户占比
75%。宽带用户 4.07 亿户，同比增长 16.8%，其中百兆及
以上宽带用户占比 70%。截至 2017 年年底，移动用户户均
数据流量 6.3GB，同比增长 1.3 倍。

2018 年，我国互联网市场进入"多点技术融合"驱动
创新阶段，移动通信、泛终端、人工智能等技术融合发展。投
/融资市场更加繁荣，一方面，多个垂直领域的头部企业纷
纷上市，另一方面，部分企业因资金短缺等问题进行大规模
裁员。360 公司在上海证券交易所借壳上市，富士康在上
海证券交易所上市；小米、美团、猎聘网在香港交易所上
市；拼多多、爱奇艺在美国上市，市值百亿美元；趣头条、
蘑菇街、蔚来汽车、优信、哔哩哔哩（B 站）在美国上市，
市值共计数十亿美元。另外，拉勾网、美图、趣店、知乎、
锤子科技、美团等企业相继裁员。在互联网金融市场上，
监管部门努力调整政策，整顿市场秩序，网络借贷机构从
5000 家减少到 1490 家，降低了互联网金融风险。2018
年，我国上市互联网企业总营收达 1.9 万亿元，同比增速
近 30%。移动互联网 App 增速放缓，2018 年净增 42 万款，
总量达 449 万款。

总体来看，4G 时代我国信息通信业的主要发展特征
为：一是告别高增长，传统电信业务发展见顶，移动用户
红利基本吃尽，数据流量持续翻倍，红利快速释放；二是

同质化竞争更加激烈，基础电信业务增量难增收的矛盾更加凸显；三是新技术新应用日趋成熟，ABCDEHI 等新技术、新应用带来新的发展机遇，技术和市场双轮驱动发展，并加速跨界竞争；四是"四化融合"发展取得新的成效。这一阶段，我国电信运营商加大改革创新力度，艰难探索转型之路。

而我国互联网行业以 4G 和光纤宽带网络为基础迅速发展，移动互联网业务及应用空前繁荣，已形成具备设施优势、用户优势和应用优势三大优势的新兴产业，基于互联网的新业态、新模式层出不穷，互联网行业整体保持强劲的增长势头，成为经济发展新动能的领军产业。4G 时代我国信息通信发展标志性事件如图 6-2 所示。

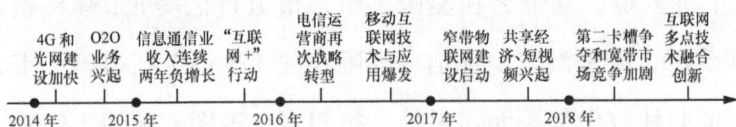

图 6-2　4G 时代我国信息通信发展标志性事件

6.4　进入5G时代

2019 年，我国信息通信业人口红利、流量红利消耗较多，陷入增量难、增收难的困境。抓住数字经济发展机遇、转变发展模式、经营客户价值成为信息通信业转型的必由之路。此时，我国互联网行业仍在高速发展，各种创新创业风起云涌，与实体经济进一步融合，推动产业数字化进程。

2019 年上半年，我国信息通信业的手机第二卡槽需求基本释放完毕，数据流量单价几乎见底，固定宽带迈入千兆时代，家庭市场迎来"第二条宽带"之争，信息通信业再度陷入收入负增长。2019 年 6 月，3 家电信运营商和中国广电同时获得 5G 牌照，牌照发放促进了信息通信业的发展，加速了电信运营商新业务布局。2019 年 9 月，中国电信与中国联通正式开展 5G 基站共建共享，截至 2019 年年底共建共享 5.6 万个基站。2019 年 10 月底，电信运营商发布 5G 套餐，组织开展"4G 升 5G"营销。2019 年，中国电信加快推动网络架构向 CTNet2025 演进，同时完善 4G 网络覆盖，率先开通全球首个独立组网（Stand Alone, SA）商用网络。电信运营商提出"云网融合"发展思路，推进云网基础设施朝一体化的方向演进，建设一体化的云网运营体系，丰富一体化的云网产品和应用，这是"云改数转"战略的雏形。中国联通积极推进行业生态建设，持续深化混合所有制改革，加强"五新"（新基因、新治理、新运营、新动能、新生态）联通建设，全面推进互联网化运营转型。中国移动制定实施创世界一流企业"力量大厦"发展战略，以做网络强国、数字中国、智慧社会主力军为目标，以高质量发展为主线，以打造基于规模的融合、融通、融智价值经营体系和构建高效协同的能力、合力、活力组织运营体系为关键路径，以"5G+"计划为重点行动，持续做大连接规模、做强连接应用、做优连接服务，积极推进 5G 发展，建设开通 5G 基站 5 万多个。截至 2019 年年底，信息通信业收入同比增长 0.8%；移动用户达到 16.0 亿户，增长 2.1%；宽带用户 4.49

亿户，增长 10.3%。2019 年，我国共建成开通 5G 基站 13 万个，提供 5G 服务的地市级及以上城市超过 50 个。

我国能在全球领先发展 5G，主要得益于 5G 研究工作起步较早和在 TD-LTE 技术上的领先优势。2013 年 2 月，工业和信息化部、国家发展和改革委员会、科学技术部联合成立 IMT-2020（5G）推进组，正式启动国家"863"计划"第五代移动通信系统研究开发一期"重大项目，积极布局 5G 系统技术研发工作，主要目标是在 2020 年之前对 5G 体系架构、无线组网、无线传输、新型天线与射频及新频谱开发与利用等关键技术，完成性能评估和原型系统设计，并进行技术试验与测试。该项目由我国 55 家电信运营商、设备厂商、学术研究机构等共同参与研究，并首次将三星、爱立信、DoCoMo 等国际知名企业作为研发合作伙伴。2015 年，IMT-2020（5G）推进组在 5G 需求、技术、频谱及国际合作等方面取得重要进展，进入标准制定阶段，归纳出连续广域覆盖、热点高容量、低功耗大连接、低时延高可靠 4 个 5G 主要技术场景，提出了由一系列标志性能力指标和一组核心关键技术共同定义的 5G 概念，抢占全球 5G 竞争的制高点。2016 年，GTI 加快 5G 技术、标准与产品的研发，加强 5G 频率规划与协调，并积极参与 5G 标准的制定工作，推进 5G 发展和跨行业的国际交流与合作，从工业互联网、车联网等领域入手，加强 5G 和垂直行业的融合创新研究。我国通信产业链在推进 5G 研发中发挥了非常重要的作用，例如，截至 2018 年 7 月底，全球 5G Polar 码技术领域共有 103 族专利，其中华为拥有51族专利；中国移动积极推动5G R16标准制定，在2019年完成17个领域共90余项关键技术方案攻关，制定了40余册与设备规范和技术要求相关的手册。

2019年，我国进一步加强互联网行业监管，加强用户个人信息保护，整治App侵害用户权益行为。重点针对互联网出行，督促网约车平台整改安全风险隐患，要求网约车、共享单车等加强用户信息数据保护；针对互联网金融领域，强化准入制度，处置违法违规的金融类网站和手机App。2019年，"新电商"开创者拼多多在上海和纽约同时上市，刷新了中国互联网企业最快上市纪录。阿里巴巴集团正式在香港交易所挂牌上市，成为首个同时在纽约和香港两地上市的中国互联网公司。

2020年，信息通信业加快5G、云计算等新型信息基础设施建设，开通5G基站71.8万多个，约占全球总量的70%，实现全国所有地级城市5G网络覆盖；深入实施"5G+工业互联网"512工程，在电子设备制造、装备制造、钢铁、采矿、电力、能源等行业积极开展实践；运用5G等新技术，发展数据中心、云计算、大数据、物联网等业务，为加快数字经济发展、构建新发展格局提供有力的支撑。中国电信以云改数转战略为指引，加快天翼云资源池和数据中心建设，构建"2+4+31+X+O"总体布局，以"5G+天翼云"为用户提供差异化应用服务；构建数字化平台，封装原子能力，加快产业数字化技术赋能；全面升级家庭信息化服务，推广5G+光宽+Wi-Fi 6"三千兆"接入和全屋Wi-Fi服务，推出"暖春行动"九大信息化产品，创新推出"天翼1号"等5G终端；加大科技创新力度，优化科技创新布局；推动企业全面深化改革，统筹推进政企改革，深化重点领域改革。2020年11月，中国电信发布《云网融合2030技术白皮书》，阐述了云网融合的内涵、意义、需求、特征、愿景、原则等；中国移动提出云网协同、云网融合和云网一体3个发展阶段，云网融合时代已经来临。中国联通坚持提质增效、合作共赢，协同推进深化改革与全面数字化转型，纵深推进"混改2.0"，实施组织变革、流程再造、三项制度改革"三大攻坚行动计划"，完成"总部机关化"整改工作。中国移动实施"5G+"计划，推动5G+4G融合发展和5G+AICDE[1]融合创新，推动5G+Ecology（生态）共建及5G+X应用延展，深化基于规模的价值经营，加快构筑"力量大厦"，实现连接规模保持领先、收入结构不断优化、新动能持续增强。2020年我国信息通信业收入同比增长3.6%，移动用户15.9亿户，负增长700多万户；宽带用户4.84亿户，增长7.6%，其中，百兆及以上宽带用户已近9成；蜂窝物联网用户11.4亿户；IPTV用户3.2亿户。

2020年7月，3GPP宣布5G R16标准冻结，这标志着5G第一个演进版本标准完成，中国移动在其中发挥了巨大的作用。一直以来，中国移动主导R16标准研究，完成15项技术标准制定工作，共提交技术提案3000余篇，占全球

1　AICDE是人工智能（AI）、物联网（Internet of Things，IoT）、云计算（Cloud Computing）、大数据（Big Data）和边缘计算（Edge Computing）的简称。

运营商提案总数的 30% 以上。

短视频、视频直播、在线教育、在线医疗等业务为互联网行业带来新的发展机会。"视频会议""云会议""云办公"等互联网业务急速增长，互联网医疗健康成为人们的生活好助手，在线教育、社区团购开启了新的生活方式，直播带货成为短视频平台进军电商领域的主要入口，快手、抖音、小红书等短视频平台迅速吸引了大规模的电商流量。2020 年年底，我国网民规模达 9.89 亿人，互联网普及率达 70.4%；2020 年网上零售额达 11.76 万亿元，较 2019 年增长 10.9%；网络支付用户规模达 8.54 亿人，占整体网民的 86.4%；网络视频用户规模达 9.27 亿人，占整体网民的 93.7%。我国互联网上市企业在全球总市值达 16.80 万亿元，较 2019 年增长 51.2%，再创历史新高。

"十三五"期间，我国信息通信业总体保持较快发展态势，网络能力大幅提升，实现了 5G 领先；业务应用蓬勃发展，信息通信技术与经济社会融合步伐加快，行业治理能力显著提升，安全保障能力不断增强，数字红利持续释放，稳投资、扩内需和增就业等作用日益突出，在经济社会发展中的战略性、基础性、先导性地位更加凸显。信息通信业收入规模稳定增长，2020 年达 2.64 万亿元，年均增长 9.1%。网络供给和服务能力显著增强，建成全球规模最大的光纤和移动宽带网络，5G 网络实现规模商用。工业互联网创新发展战略深入推进，网络、平台、安全三大体系初步形成。网络提质降费成效明显，固定宽带和 4G 用户端到端平均下载速率提高 7 倍，平均资费下降超过 95%，促进互联网新应用、新业态、新模式蓬勃发展，互联网生活类服务实现规模化推广。5G 商用以来，数字经济发展成为推动经济增长的主要动力，5G、云计算、物联网、人工智能等技术成为推动产业转型升级的核心引擎，为数字经济快速发展提供了源源不断的动力。

"十三五"期间，我国互联网行业实现跨越式发展，基础支撑、创新驱动、融合引领作用得到充分发挥。我国互联网已经成为经济发展的新引擎、改善民生的新抓手、信息传播的新渠道、民众生活的新方式、观察时代的新窗口。在互联网金融领域，2020 年我国移动支付交易规模达 432.2 万亿元，是 2015 年的 18 倍。我国互联网企业综合实力、竞争能力显著增强，互联网产业升级加快，涌现了一批龙头企业。截至 2020 年年底，我国上市互联网企业达 178 家，是 2015 年的 1.5 倍，总市值 17.8 万亿元，是 2015 年的 3 倍，共有 11 家互联网企业进入全球互联网企业市值 30 强，独角兽企业数量达 251 家，全球占比约 1/4，其中，估值超过 100 亿美元的超级独角兽企业有 12 家。

2021 年，我国电信运营商统筹推进国民生产经营，全面加速 5G、千兆光网等新型信息基础设施建设，加快"双千兆"网络发展，推动国家大数据中心建设，构建云网融合新型基础设施，赋能社会数字化转型的供给能力不断提升。云计算、大数据、数据中心等面向企业的新兴数字化服务快速发展，成为收入增长的第一动力。中国电信全面推动"云改数转"战略落地，加强云网精准建设，优化"2+4+31+X+O"云资源池布局，推进数据中心规模集约化发展；深化5G共建共享，强化千兆引领和300Mbit/s普及，推进家庭DICT业务全面升级；全面发力产业数字化市场，加快推进客户上云，推进5G套餐云化升级。中国联通深度聚焦创新合作战略，继续深化"五新"联通建设，加快全面数字化转型，着力塑造高品质服务、高质量发展、高效能治理、高科技引擎、高活力运营"五高"发展新优势，重点推进创新产品、智慧生活、匠心网络、智能运营、深化改革"五大"重点工程。中国移动聚力落实"四个三"战略内核，深入实施"5G+"计划，推进创世界一流"力量大厦"发展战略实施，加快推进数智化转型，优化新型信息基础设施布局，持续推进改革转型、协同发展，营业收入为10年来新高，利润规模创历史新高。截至2021年12月，我国累计建成开通5G基站142.5万个，5G基站总量占全球60%以上，建成全球最大的5G网络，实现覆盖全国所有地级市城区、超过98%的县城城区和80%的乡镇镇区，并逐步向有条件、有需求的农村地区逐步推进，我国有300多个城市启动了千兆光纤宽带网络建设。

信息技术加速赋能传统行业。5G行业应用创新案例超过1万个，覆盖工业、医疗等20多个国民经济行业，应用环节从生产辅助环节向核心环节渗透，"5G+工业互联网"的典型应用场景逐步向规模化复制演进。2021年，我国电信业务收入累计完成1.47万亿元，比2020年增长8.0%，实现自 2014 年以来的较高水平增长；移动电话用户 16.43 亿户，其中，4G 和 5G 用户分别达到 10.69 亿户和 3.55 亿户；宽带用户 5.35 亿户，其中 100Mbit/s 及以上接入速率用户占比升至 93%；蜂窝物联网用户 13.99 亿户，物联网终端广泛应用于智慧公共事业、智能制造和智慧交通领域，这 3 个重点领域部署的物联网终端分别达 3.14 亿户、2.54 亿户和 2.18 亿户。

2021 年，我国消费互联网行业进入成熟期，整体增速下降，主要应用服务规模逐渐见顶，企业营收增长乏力。首先，互联网用户增速下降。截至 2021 年年底，我国网民规模为 10.32 亿人，年净增 4296 万人，增长率达 4.3%，增长率相比 2020 年下降了 5.1 个百分点。其次，主要应用服务增速下降。截至 2021 年年底，即时通信、网络视频、短视频 3 类使用频率最高的应用，用户规模分别为 10.07 亿人、9.75 亿人和 9.34 亿人，分别增长了 2.7%、5.2% 和 6.5%，相比 2020 年分别下降了 16.2、16.9 和 6.4 个百分点，主要应用服务的用户数增长率均由两位数变成个位数，说明整体市场已进入成熟期。再次，一部分垂直市场获得较好的发展时机，另外一部分垂直市场陷入发展困境。例如在线办公和在线医疗，2021 年年底的用户规模分别达 4.69 亿人和 2.98 亿人，同比分别增长 35.7% 和 38.7%，成为用户规模增长最快的两类应用；外卖、网约车的用户规模分别达 5.44 亿人和 4.53 亿人，同比分别增长 29.9% 和 23.9%，增长率紧随其后。而在线教育、社区团购、生鲜电商等行业，则在社会环境影响下陷入发展困境。最后，互联网应用服务创新没有明显突破。5G 技术还没有在消费互联网领域产生革命性的应用服务，基于 5G 的 VR/AR、云游戏、超高清视频、3D 阅读等产业链并未成熟，元宇宙更是停留在概念阶段。

5G 发展以来我国信息通信发展标志性事件列举如图6-3 所示。

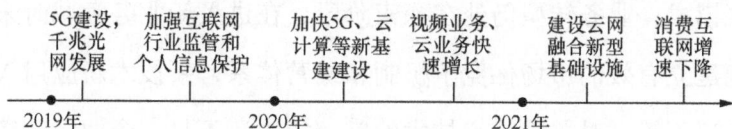

图 6-3　5G 发展以来我国信息通信发展标志性事件列举

6.5　主要分析总结

我国信息通信业深入贯彻落实党中央、国务院决策部署，围绕改革、发展、转型、创新等主线，加快企业转型升级，积极推进网络强国、数字中国建设，切实维护网络和信息安全，把握移动、宽带、物联网、云计算等市场发展机遇，积极探索改革创新、业务转型道路，努力拓展移动互联网应用服务等新市场，深入推进工业互联网创新发展，网络供给和服务能力显著增强，市场规模不断扩大，收入规模稳定增长，电信市场结构失衡的情况有所缓解，"四化融合"发展取得较好进展，在经济社会发展中的战略性、基础性、先导性地位更加凸显，引领全球 5G 发展的作用充分显现。在发展过程中，我国信息通信业有效解决了移动用户红利与数据流量红利消失、互联网业务快速替代传统电信业务、

"量收剪刀差"等难题，加强基础设施共建共享，加大开放合作力度，强化行业协同发展，实现企业高质量发展，有效发挥国有企业在经济社会发展中的"稳定器"和"压舱石"作用。

在持续深化改革的过程中，我国信息通信业仍然面临着体制机制上的束缚，未能完全摆脱通信基础设施服务商的思维模式，业务转型仍处在探索阶段，在进入新业务领域时未能建立有效的市场化竞争机制和经营体系，新技术新应用人才还不够，对关键核心技术的掌控能力还不足，企业经营管理能力未得到明显改善。对标全球信息通信业一流企业，我国信息通信业企业在营业收入、利润、净利率、资产收益率等主要指标上还存在差距。

我国互联网行业抓住移动互联网、"互联网＋"等主要发展时机，以满足、激活人们的信息需求为导向，积极创新互联网应用服务，丰富信息来源与内容，创新信息服务场景，拓展信息传播渠道，提高信息传播效率，积极推动新技术、新业务、新应用跨界发展，深入社会民生的方方面面，充分发挥互联网在数字经济发展中的基础支撑、创新驱动、融合引领作用。互联网行业作为数字化浪潮的重要驱动力，整体保持强劲的增长势头，与实体经济深入融合，加快产业升级，促进消费互联网应用向产业互联网服务转型。我国已形成具备设施优势、用户优势和应用优势三大优势的新兴产业，互联网产业成为经济发展新动能的领军产业。

另外，我国互联网行业高速发展带来的各种问题逐渐显现。政府与企业要重视行业垄断、不正当竞争、交易数据确权、个人信息保护等问题。推进互联网行业的治理、市场监管与相关立法已迫在眉睫。

6.6 "十四五"新形势新要求

2021年《政府工作报告》指出，"十四五"时期是开启全面建设社会主义现代化国家新征程的第一个五年。我国要准确把握新发展阶段，深入贯彻新发展理念，加快构建新发展格局，推动高质量发展，为全面建设社会主义现代化国家开好局起好步。

2021年3月，我国发布《中华人民共和国国民经济和社会发展第十四个五年规划和2035年远景目标纲要》（以下简称《纲要》）。《纲要》指出，当今世界正经历百年未有之大变局，新一轮科技革命和产业变革深入发展。同时，国际环境日趋复杂，不稳定性不确定性明显增加。我国已转向高质量发展阶段，制度优势显著，治理效能提升，经济长期向好，物质基础雄厚，人力资源丰富，市场空间广阔，发展韧性强劲，社会大局稳定，继续发展具有多方面优势和条件。同时，我国发展不平衡不充分问题仍然突出，必须统筹中华民族伟大复兴战略全局和世界百年未有之大变局，深刻认识我国社会主要矛盾变化带来的新特征新要求，深刻认识错综复杂的国际环境带来的新矛盾新挑战，增强机遇意识和风险意识，立足社会主义初级阶段基本国情，保持战略定力，认识和把握发展规律，树立底线思维，准确识变、科学应变、主动求变，善于在危机中育先机、于变局中开新局。

《纲要》提出"十四五"时期经济社会发展主要目标，分为十九篇共六十五章，阐明国家战略意图，明确政府工作重点，引导规范市场主体行为，是我国开启全面建设社会主义现代化国家新征程的宏伟蓝图，是全国各族人民共同的行动纲领。其中，《纲要》在第二篇～第六篇、第十篇、第十二～第十六篇、第十九篇共12篇中，从坚持创新驱动发展、加快发展现代产业体系、形成强大国内市场、加快数字化发展、全面深化改革、发展社会主义先进文化、实行高水平对外开放、提升国民素质、增进民生福祉、统筹发展和安全、加快国防和军队现代化、加强规划实施保障等方面，对信息通信业的发展提出明确要求，尤其在第三篇"加快发展现代产业体系 巩固壮大实体经济根基"和第五篇"加快数字化发展 建设数字中国"里，赋予信息通信业特别重要的责任。具体内容如下。

在发展壮大战略性新兴产业方面，要聚焦生物技术、新能源、新材料、高端装备、新能源汽车、绿色环保，以及航空航天、海洋装备等新兴产业，加快关键核心技术创新应用，增强要素保障能力，培育壮大产业发展新动能。

在建设现代化基础设施体系方面，要加快建设新型基础设施，围绕强化数字转型、智能升级、融合创新支撑，布局建设信息基础设施、融合基础设施、创新基础设施等新型基础设施。建设高速泛在、天地一体、集成互联、安全高效的信息基础设施，增强数据感知、传输、存储和运算能力。

在打造数字经济新优势方面，要加强关键数字技术创新应用，加强通用处理器、云计算系统和软件核心技术一体化研发。加快布局量子计算、量子通信、神经芯片等前沿技术，加强信息科学与生命科学、材料等基础学科的交叉创新，支持数字技术开源社区等创新联合体发展，完善开源知识产权和法律体系，鼓励企业开放软件源代码、硬件设计和应用服务。要加快推动数字产业化，培育壮大人工智能、大数据、区块链、云计算、网络安全等数字产业，提升通信设备、核心电子元器件、关键软件等产业水平。构建基于 5G 的应用场景和产业生态，在智能交通、智慧物流、智慧能源、智慧医疗等重点领域开展试点示范。鼓励企业开放搜索、电商、社交等数据，发展第三方大数据服务产业。促进共享经济、平台经济健康发展。要推进产业数字化转型，实施"上云用数赋智"行动，推动数据赋能全产业链协同转型。在重点行业和区域建设多个工业互联网平台和数字化转型促进中心，深化研发设计、生产制造、经营管理、市场服务等环节的数字化应用，培育发展个性定制、柔性制造等新模式，加快产业园区数字化改造。深入推进服务业数字化转型，培育众包设计、智慧物流、新零售等新增长点。加快发展智慧农业，推进农业生产经营和管理服务数字化转型升级。

在加快数字社会建设步伐方面，要提供智慧便捷的公共服务，聚焦教育、医疗、养老、抚幼、就业、文体、助残等重点领域，推动数字化服务普惠应用，持续提升人民群众获得感。推进学校、医院、养老院等公共服务机构资源数字化，加大开放共享和应用力度。推进线上线下公共服务共同发展、深度融合，积极发展在线课堂、互联网医院、智慧图书馆等，支持高水平公共服务机构对接基层、边远和欠发达地区，扩大优质公共服务资源辐射覆盖范围。加强智慧法院建设。鼓励社会力量参与"互联网＋公共服务"，创新提供服务模式和产品。**要建设智慧城市和数字乡村**，以数字化助推城乡发展和治理模式创新，全面提高运行效率和宜居度。分级分类推进新型智慧城市建设，将物联网感知设施、通信系统等纳入公共基础设施统一规划建设，推进市政公用设施、建筑等物联网应用和智能化改造。完善城市信息模型平台和运行管理服务平台，构建城市数据资源体系，推进城市"数据大脑"建设，探索数字孪生城市。加快推进数字乡村建设，构建面向农业农村的综合信息服务体系，建立涉农信息普惠服务机制，推动乡村管理服务数字化。**要构筑美好数字生活新图景**，推动购物消费、居家生活、旅游休闲、交通出行等各类场景数字化，打造智慧共享、和睦共治的新型数字生活。推进智慧社区建设，依托社区数字化平台和线下社区服务机构，建设便民惠民智慧服务圈，提供线上线下融合的社区生活服务、社区治理及公共服务、智能小区等服务。丰富数字生活体验，发展数字家庭。加强全民数字技能教育和培训，普及提升公民数字素养。加快信息无障碍建设，帮助老年人、残疾人等共享数字化生活。

　　在提高数字政府建设水平方面，要加强公共数据开放共享，建立健全国家公共数据资源体系，确保公共数据安全，推进数据跨部门、跨层级、跨地区汇聚融合和深度利用。健全数据资源目录和责任清单制度，提升国家数据共享交换平台功能，深化国家人口、法人、空间地理等基础信息资源共享利用。扩大基础公共信息数据安全有序开放，探索将公共数据服务纳入公共服务体系，构建统一的国家公共数据开放平台和开发利用端口，优先推动企业登记监管、卫生、交通、气象等高价值数据集向社会开放。开展政府数据授权运营试点，鼓励第三方深化对公共数据的挖掘利用。**要推动政务信息化共建共用**，加大政务信息化建设统筹力度，健全政务信息化项目清单，持续深化政务信息系统整合，布局建设执政能力、依法治国、经济治理、市场监管、公共安全、生态环境等重大信息系统，提升跨部门协同治理能力。完善国家电子政务网络，集约化建设政务云平台和数据中心体系，推进政务信息系统云迁移。加强政务信息化建设快速迭代，增强政务信息系统快速部署能力和弹性扩展能力。**要提高数字化政务服务效能**，全面推进政府运行方式、业务流程和服务模式数字化智能化。深化"互联网＋政务服务"，提升全流程一体化在线服务平台功能。加快构建数字技术辅助政府决策机制，提高基于高频大数据的动态监测预警水平。强化数字技术在公共卫生、自然灾害、事故灾难、社会安全等突发公共事件中的运用，全面提升预警和应急处置能力。

在营造良好数字生态方面，要建立健全数据要素市场规则，统筹数据开发利用、隐私保护和公共安全，加快建立数据资源产权、交易流通、跨境传输和安全保护等基础制度和标准规范。建立健全数据产权交易和行业自律机制，培育规范的数据交易平台和市场主体，发展数据资产评估、登记结算、交易撮合、争议仲裁等市场运营体系。加强涉及国家利益、商业秘密、个人隐私的数据保护，加快推进数据安全、个人信息保护等领域的基础性立法，强化数据资源全生命周期安全保护。完善适用于大数据环境下的数据分类分级保护制度。加强数据安全评估，推动数据跨境安全有序流动。**要营造规范有序的政策环境**，构建与数字经济发展相适应的政策法规体系。健全共享经济、平台经济和新个体经济管理规范，清理不合理的行政许可、资质资格事项，支持平台企业创新发展、增强国际竞争力。依法依规加强互联网平台经济监管，明确平台企业定位和监管规则，完善垄断认定法律规范，打击垄断和不正当竞争行为。探索建立无人驾驶、在线医疗、金融科技、智能配送等监管框架，完善相关法律法规和伦理审查规则。健全数字经济统计监测体系。**要加强网络安全保护**，健全国家网络安全法律法规和标准规范，加强重要领域数据资源、重要网络和信息系统安全保障。建立健全关键信息基础设施保护体系，提升安全防护和维护政治安全能力。加强网络安全风险评估和审查。加强网络安全基础设施建设，强化跨领域网络安全信息共享和工作协同，提升网络安全威胁发现、监测预警、应急指挥、攻击溯源能力。加强网络安全关键技术研发，加快人工智能安全技术创新，提升网络安全产业综合竞争力。加强网络安全宣传教育和人才培养。**要推动构建网络空间命运共同体**，推进网络空间国际交流与合作，推动以联合国为主渠道、以联合国宪章为基本原则制定数字和网络空间国际规则。推动建立多边、民主、透明的全球互联网治理体系，建立更加公平合理的网络基础设施和资源治理机制。积极参与制定数据安全、数字货币、数字服务税等国际规则和数字技术标准。推动全球网络安全保障合作机制建设，构建保护数据要素、处置网络安全事件、打击网络犯罪的国际协调合作机制。向欠发达国家提供技术、设备、服务等数字援助，使各国共享数字时代红利。积极推进网络文化交流互鉴。

此外，在优先发展农业农村、完善新型城镇化战略、优化区域经济布局、推动绿色发展等"十四五"重大战略布局方面，信息通信业将承担更大的责任。

2021年12月，国务院发布《"十四五"数字经济发展规划》（以下简称《规划》）。《规划》指出，数字经济是继农业经济、工业经济之后的主要经济形态，是以数据资源为关键要素，以现代信息网络为主要载体，以信息通信技术融合应用、全要素数字化转型为重要推动力，促进公平与效率更加统一的新经济形态。

《规划》部署了八大任务。**一是优化升级数字基础设施。**加快建设信息网络基础设施，推进云网协同和算网融合发展，有序推进基础设施智能升级。**二是充分发挥数据要素作用。**强化高质量数据要素供给，加快数据要素市场化流通，创新数据要素开发利用机制。**三是大力推进产业数字化转型。**加快企业数字化转型升级，全面深化重点行业、产业园区和集群数字化转型，培育转型支撑服务生态。**四是加快推动数字产业化。**增强关键技术创新能力，加快培育新业态新模式，营造创新生态。**五是持续提升公共服务数字化水平。**提高"互联网＋政务服务"效能，提升社会服务数字化普惠水平，推动数字城乡融合发展。**六是健全完善数字经济治理体系。**强化协同治理和监管机制，增强政府数字化治理能力，完善多元共治新格局。**七是着力强化数字经济安全体系。**增强网络安全防护能力，提升数据安全保障水平，有效防范各类风险。**八是有效拓展数字经济国际合作。**加快贸易数字化发展，推动"数字丝绸之路"深入发展，构建和谐的国际合作环境。围绕八大任务，《规划》明确了信息网络基础设施优化升级等 11 个专项工程。

从《规划》的主要任务可以看出，《规划》是对《纲要》数字经济发展内容的有效承接，也是"十四五"期间，信息通信业要承担的主要责任。

《规划》部署的八大任务如图 6-4 所示。

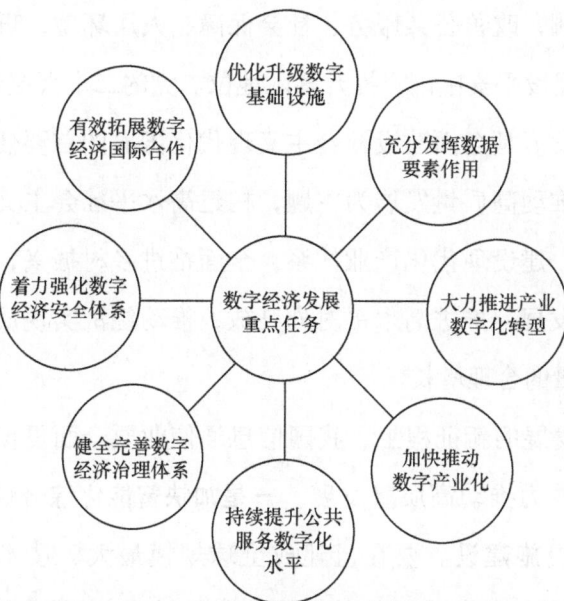

图 6-4 《规划》部署的八大任务

6.7 党的二十大开启新征程

2022 年 10 月，中国共产党第二十次全国代表大会在北京开幕，开启中国发展新征程。党的二十大报告提出新时代新征程中国共产党的使命任务，指出在前进道路上，必须牢牢把握五大原则，即坚持和加强党的全面领导，坚持中国特色社会主义道路，坚持以人民为中心的发展思想，坚持深化改革开放，坚持发扬斗争精神。党的二十大报告提出未来 5 年的主要目标任务，指出未来 5 年是全面建设社会主义现代化国家开局起步的关键时期，要在经济发展、科技创新、改革开放、国家治理等方面取得显著成效，进一步加强民主制度建设、法治体系建设，丰富精神文化生活，提高居民收入、劳动报酬，改善公共服务、社会保障、人居环境，巩固国家安全，建设平安中国，提升国际地位。党的二十大报告指出，高质量发展是全面建设社会主义现代化国家的首要任务，要坚持以推动高质量发展为主题，构建高水平社会主义市场经济体制，建设现代化产业体系，全面推进乡村振兴，促进区域协调发展，推进高水平对外开放，推动经济实现质的有效提升和量的合理增长。

在发展的新征程上，我国信息通信业要全面贯彻新发展理念，着力推动高质量发展。**一是加快智能化综合性数字信息基础设施建设**。要在已建成全球规模最大、技术领先的移动网络和宽带网络的基础上，加快建设高速泛在、天地一体、云网融合、智能敏捷、绿色低碳、安全可控的智能化综合性数字信息基础设施，打通经济社会发展的信息"大动脉"，促进数字技术与实体经济深度融合，为经济社会数字化转型、数字经济发展开辟新路径，为构建新发展格局、经济高质量发展打造新动能。**二是加大科技创新力度**。要深入实施创新驱动发展战略，瞄准 5G/6G、云计算、光通信、高端芯片、操作系统等核心技术，持续加大研发投入，构建创新攻关体系，完善人才培养体系，加强"产、学、研、用"多方协同，解决一些重要领域的技术问题，催生更多自主创新成果，推动产业链和创新链深度融合，整体提升产业链技术能力和供应链保障水平，努力抢占科技创新制高点。**三是坚持以人民为中心的发展思想**。要以人民需求为导向加强信息通信服务与应用创新，推动客户服务升级，持续开展网络应用适老化和无障碍改造，推进各项惠民工程，大力打击电信网络诈骗，加强个人信息保护，持续提升用户的获得感、幸福感、安全感，让信息通信业更好地服务人民群众。**四是持续深化改革。**要持续深化改革和业务技术转型，着力破解深层次体制机制障碍，使市场在资源配置中起决定性作用，更好地发挥政府作用，营造高效规范、公平竞争、开放有序的市场环境，不断激发行业发展内生动力和活力。同时，以深化供给侧结构性改革为主线，适应全球产业发展和变革趋势，探索信息通信业发展规律，引领信息通信业发展，培育发展战略性新兴产业，为高质量发展保驾护航。

6.8　信息通信业面临的机遇与挑战

　　党的二十大报告指出，当前，世界百年未有之大变局加速演进，新一轮科技革命和产业变革深入发展，我国面临新的战略机遇。同时，我国进入战略机遇和风险挑战并存、不确定因素增多的时期，各种"黑天鹅""灰犀牛"事件随时可能发生。

　　在新的发展时期，信息通信业仍然是创新最为活跃、带动性最强的行业，是驱动经济社会变革的主导力量。信息通信业的关键技术、主要市场、应用服务能力等也在发生变化。新形势下，我国信息通信业面临更多的发展机遇，同时也将面临更多的挑战。

　　总体来看，我国信息通信业面临的重大发展机遇具体如下。**一是数字经济发展是最大的机遇**。数字经济正成为重组全球要素资源、重塑全球经济结构、改变全球竞争格局的关键力量，"十四五"期间，我国将以数字化转型整体驱动生产方式、生活方式和治理方式变革，数字经济是可持续发展的稳定器、现代经济体系的重要引擎，数字化、网络化、智能化创新空间巨大。信息通信技术是推动数字经济发展和效率提升的主要动力。**二是数字中国建设带来巨大的发展空间**。《纲要》第五篇以"加快数字化发展 建设数字中国"为题，以数字中国建设统领数字经济、数字社会、数字政府等建设发展。"十四五"期间，数字社会、数字政府等数字产业的发展，年复合增长率将保持两位数，产业数字化增加值约为 17.15 万亿元。**三是云网数智融合聚变的时代到来**。5G、云计算、人工智能、物联网等数字产业化市场的发展空间巨大，未来 3 年投资规模均保持两位数增长；5G、云计算和人工智能等技术融合聚变，推动产业创新，突破量子信息、集成电路、健康医疗、空天科技等基础核心领域，将共同开启数字化发展的未来。**四是以云为核心的新型基础设施成为数字化发展的基石**。一方面，"国家云"的建设和发展，将创造难得的发展机遇。另一方面，当前我国企业上云的比例相对较低，2021 年年底，我国企业整体上云率只有 30%，仍有巨大的发展空间。**五是量子通信等技术加速发展**。量子技术的发展对科技革命产生了深远影响，当前正在迎来"第二次量子革命"，量子加密技术正在加速落地。量子通信技术在城域、城际、自由空间等领域的突破，将会对信息通信技术产生颠覆性影响。**六是网信安全需求更加迫切**。新形势下，网信安全发展空间巨大，数据分析、威胁情报、态势感知、安全托管、安全重保、安全保险等新型安全服务将成为下一个爆发点。

同时，我国信息通信业发展也面临着严重挑战，主要有以下 6 点。**一是行业发展和竞争不断变化，对以往发展的路径依赖将会阻碍创新突破**。当前，传统电信市场已出现饱和，业务量快速增长而收入微增，同时盈利能力下降；电信行业用户规模增长空间和业绩成长有限，核心竞争力趋同，电信行业亟须业务转型，但还未找到有效的转型路径与目标方向。消费互联网行业进入成熟期，用户红利、流量红利已基本见顶；产业互联网应用的创新能力不足，转型发展之路比较漫长。电信行业、互联网行业的管理人员应积极探索新路径、新方法，推动企业可持续发展。**二是从信息通信大国到技术强国，战略转型之路漫长**。在过去几十年的发展中，我国信息通信业的主要目标是不断把用户规模、市场份额做大，把经营管理和服务做优，通过做大争取做到世界第一，通过做优来获得更多用户。如今我国做大做优的目标已基本实现，在信息通信基础理论研究、核心材料制程工艺、核心元器件制造、核心技术掌控等方面，我们要坚持科技创新，实现关键核心技术自主可控，早日实现从信息通信大国到技术强国的转变。**三是技术升级出现瓶**

颈，应用需求远超技术能力。信息制造技术方面，芯片制造工艺已接近摩尔定律的极限；信息理论技术方面，信息传输速率已接近香农理论的极限，信息通信业亟须基础性理论创新；应用需求方面，算力每 12 个月增长一倍，AI 算力每 3.5 个月增长一倍，数据量近 10 年增长了 40 倍。**四是信息化发展不平衡不充分问题仍然明显。**数字技术驱动经济、社会、政府全面转型，引领高质量发展的作用有待进一步发挥，数字化发展治理体系亟待健全。分区域来看，西部地区信息化资源、发展能力较差，部分地区发展规模不足，西部地区和北方部分省市的电信市场还有一定的发展空间。

五是外部环境风险。一方面，受国内外形势影响，企业在国外拓展、合规经营、产业链供应链安全等方面存在一定风险，信息通信业链供应链面临的风险更甚。另一方面，网络信息安全形势更加严峻，近年来，国内外网络信息安全事件频发，电信运营商大面积断网事件时有发生，网络攻击更加隐蔽，攻击手段更加多样。同时，数据安全成为新的风险点。2020 年全球创造了 59ZB 的数据，近 1/4 的高安全级别数据缺乏有效保护，混合云、多云数据环境让数据安全问题变得更加复杂。**六是电信行业体制机制变革问题。**电信行业正面临业务转型、跨界竞争等变局，当前我国电信企业只有持续探索深化体制机制改革，一刻也不松懈地加深认识、加快转型升级，才有可能找到新的发展路径，培育出新的业务增长点，以应对变局。

我国信息通信业面临的机遇与挑战如图 6-5 所示。

数字经济
发展是最
大的机遇

网信安全
需求更加
迫切

数字中国
建设带来
巨大的发
展空间

机遇

量子通信
等技术加速
发展

云网数智融
合聚变的时
代到来

以云为核心
的新型基础
设施成为数
字化发展的
基石

行业发展
和竞争不断
变化

电信行业
体制机制
变革问题

战略
转型之路
漫长

挑战

外部环境
风险

应用需求
远超技术
能力

信息化发展
不平衡不充
分问题仍然
明显

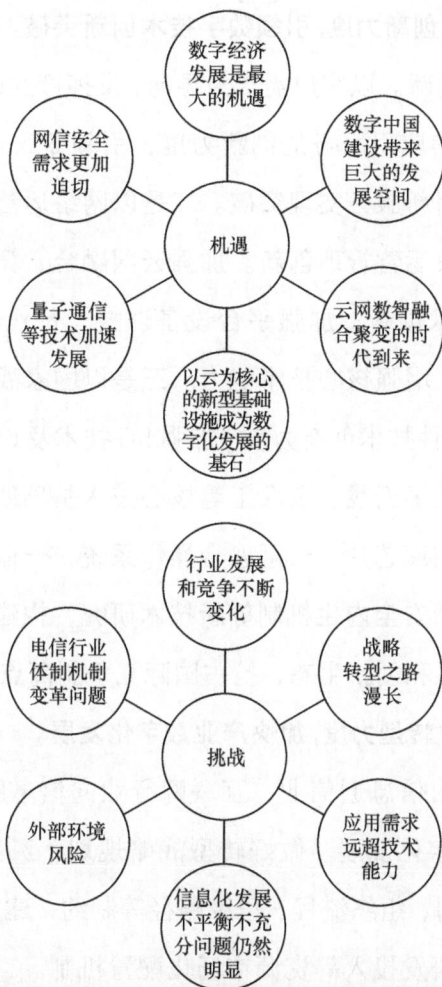

图 6-5 我国信息通信业面临的机遇与挑战

新形势下，我国信息通信业要准确定位于创新、转型、赋能 3 种角色，认真贯彻落实党的二十大精神，以未来 5 年我国发展主要目标为指引，积极承担《规划》部署的八大任务，引领数字技术创新突破，优化升级数字信息基础设施，赋能实体经济数字化转型，推动信息消费，维护网络数据安全，拓展数字经济国际合作。

加大科技创新力度，引领数字技术创新突破。一是加快产品应用服务创新。以客户需求为导向，发挥产业链主导作用，加大信息通信应用服务的创新力度，引领 5G、光宽带、互联网等新应用新服务实现突破。二是以网络运营、平台运营为中心，加快运营管理创新。加强云网融合、算网融合、云边协同等技术创新，加强平台设备连接、行业 PaaS、ICT技术等创新，增强核心技术能力。三是以国家战略发展为导向，加大战略性技术创新力度。加强 5G 技术及 6G 调制编码、波形、多址、多天线、全双工等核心技术基础理论研究，加强云网融合加速芯片、云网融合操作系统、一体化智能内生机制、端到端安全内生机制等新技术研究，构建有核心竞争力的技术体系和创新生态，抢占国际竞争制高点。

加大业务转型力度，加快产业数字化发展。一是明确业务转型路径，由信息通信业、互联网行业向信息服务业转型，再向产业数字化发展。做好转型战略规划，深化企业改革，突破体制机制、组织流程、思维路径等制约，建立转型人才、运营成本、研发投入等资源市场化配置机制。二是加快企业内部数字化转型。信息通信业与互联网行业的产品、应用、服务等具有数字原生特征，但在运营管理、生产流程等方面并未完全实现数字化。要加快推进企业生产经营流程上云，建立数字化智能化组织，切实增强信息通信业数据驱动能力。

提升信息服务能力，赋能数字经济发展。一是优化升级数字基础设施。加快数字信息基础设施建设，重点加强网络、计算、感知基础设施及平台类新技术基础设施建设，大力推进智慧城市、智慧交通、智慧医疗、工业互联网等融合基础设施建设，推进云网融合、算网融合发展。二是加快数字化赋能。提升网络连接、计算、数据、安全等基础能力，提供面向高价值行业客户与细分场景的融合产品、应用解决方案，构建工业互联网、产业互联网通用技术使能平台，推进产业数字化转型。三是着力推进生态运营。以通用技术使能平台为基础，联合专业技术服务商、行业解决方案服务商、供应链服务商等，打造产业联盟，形成基于平台的运营服务生态，加快推动数字产业化。四是提升数据治理及服务能力。发挥行业数据资源优势，加强数据治理，推动数据产品创新和应用，激发数据要素作用。五是构建数字安全体系。针对新型数字基础设施、数字技术、新网络架构引发的新安全风险，持续创新迭代网络安全、数据安全防护技术，增强安全保护能力，创新安全业务模式，培育各行业安全治理理念，共同构建数字安全体系。

我国信息通信业发展定位如图 6-6 所示。

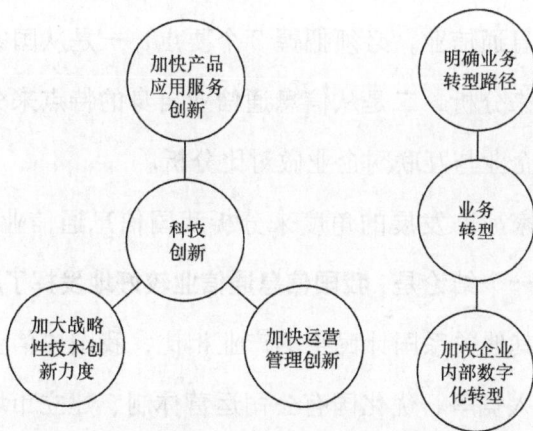

图 6-6 我国信息通信业发展定位

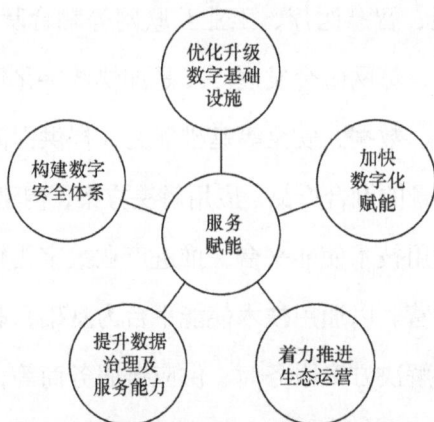

图 6-6　我国信息通信业发展定位（续）

6.9　关于信息通信业发展的思考

处在变革时代，国家、行业和企业的变革是人们关注的焦点。这三者之间的关系既紧密又复杂，人们往往很难认清一个行业的发展变化，以及它对国家和企业的影响。我国信息通信业作为全面支撑经济社会发展的战略性、基础性和先导性行业，和经济社会发展联系紧密，要正确认识、客观评价我国信息通信业，必须把握 3 个要点，一是从国家战略发展的角度来分析，二是从信息通信业自身的特点来分析，三是将电信企业与互联网企业做对比分析。

从国家战略发展的角度来分析我国信息通信业的发展，得出的第一个结论是：**我国信息通信业较好地发挥了产业带动作用。**与其他关系国计民生的产业相比，我国电信业在打破垄断、引入竞争、优化国有公司运营体制、建立市场竞争体制等方面，均走在了前列。我国互联网行业是新技术的聚集地、应用创新的爆发点，已迅速成长为数字化浪潮的重要驱动力、经济发展新动能的领军产业。这一结论是评价我国信息通信业改革发展、讨论我国信息通信业发展优势及存在问题的根本出发点。第二个结论是：**我国信息通信业市场化程度还不够高。**我国信息通信业在引入非公有资本进入业务运营方面未取得明显成效，建立多元化资本运营体系尚在进行中；互联网行业不规范的市场竞争行为时有发生。电信业和互联网行业的国际影响力还不够大。持续深化改革，优化体制机制，提升市场化、法制化经营能力，是我国信息通信业开展业务转型的基础。第三个结论是：**我国信息通信业科技创新及业务转型能力还不够强。**发展到今天，我国电信业的主要业务应用仍然基于基础设施等资源优势及用户规模优势，"做智能化的综合性信息服务商"的内涵还不够丰富；互联网行业中，扫码支付、共享单车、网上购物这"新三大发明"只是新技术在消费领域的典型应用，在产业互联网领域尚未实现新技术规模化应用。当前我国引领 5G 发展，对信息通信业的科技创新能力提出了更高的要求，围绕 5G 技术及应用创新，增强关键核心技术能力成为当务之急。持续增强科技创新能力，是我国信息通信业实现高质量发展的必由之路。

从信息通信业自身的特点来分析，**第一个需要讨论的是我国电信业改革问题。**电信行业学者早已认识到，电信经济是不充分的市场经济，它具有工业经济所没有的网络经济和外部经济特征。我国电信业的改革势在必行，一个根本出发点是在政府管控下，通过有效竞争形成具有专业优势的少数大型电信产业集团，即以政府决策为前提，建立有效竞争的市场。**第二个需要讨论的是信息通信新技术发展问题。**信息通信所使用的物质资源主要是集成电路和光导纤维，其材料来源不受稀缺资源的限制，因此信息通信产品和一般工业品并不同，其品质不是由原材料、生产工艺等决定的，而是由信息通信技术决定的，即信息通信业具有比一般工业经济更强的技术经济发展特征，技术领先意味着市场领先，技术领先程度越高，市场竞争力越强，信息服务效率越高，也就代表着更先进的生产力。所以，我国信息通信业高度重视关键核心技术能力，全力引领 5G 发展，积极抢占 6G 制高点，这是基于对行业技术经济发展特征的充分认识，也是建设网络强国的必然要求。**第三个需要讨论的是信息基础设施新旧动能转换问题。**当前全球信息基础设施正面临着新旧动能转换、发展重心调整、运营模式创新等重大变革，其内生动能将从传统网络技术向大数据、人工智能、云计算、物联网等技术拓展；发展重心将从带宽、速率等传统网络指标向与城市管理、民生服务等密切相关的生态指标转变；运营主体将从传统电信运营商向互联网企业、行业头部企业等主体延伸，形成多元的发展动力、多维的评价标准和多样的服务业态。

在新发展阶段，我国宽带发展呈现 4 个新趋势。一是以连接提速为基础，高速移动、敏捷高效的新型网络加速形成，其主要变化体现在骨干网、光宽带和 5G 网络。二是以计算增效为核心，持续构建存算一体的数据资源，在业务需求和技术创新并行驱动下，"云、网、边"深度融合成为未来重要的发展方向。三是以平台汇聚为载体，综合集成、交互协同的生态体系日趋成熟，工业互联网、物联网等平台及应用将加快规模化发展。四是以应用赋能为牵引，全面渗透、融合创新的市场需求不断释放，不断推动智慧生活、产业数字化、社会治理等领域发展。

将我国电信企业与互联网企业做对比分析，可以得到很多启示，本书仅讨论 3 个话题。**第一个是我国电信业能向互联网行业学习什么**。这个话题可以延伸到我国电信业怎样"去电信化"。我国电信企业要从互联网行业学习的要点，主要包括快速灵活的市场反应、较好的客户体验、持续快速的产品迭代能力、资本运作能力，以及互联网营销能力等。**第二个是我国互联网行业需要向电信业学习什么**。我国电信业稳健运营多年，有一套成熟的、体系化的运营管理制度和极其丰富的管理经验，互联网行业可以参照电信业的运营管理模式和相应的制度流程，结合行业发展特点，吸取经验，进一步完善管理制度，优化管理流程，提升运营管理能力。**第三个是电信业和互联网行业在运营管理上最大的区别是什么**。本书认为，电信业和互联网行业最大的区别源自技术体系构建。电信业的技术标准全球通用，安全、稳定、规范，标准高，标准化程度高，这意味着变动的成本高、周期长，因此，基于通用技术推出的产品和应用服务，基本上是同质化的，很难形成差异化的核心竞争力，而且，电信业的产品和应用一旦推出，要进行变动的成本很高，所以电信业的产品和应用服务不可能像互联网行业一样快速迭代升级。而互联网行业基于开放的技术架构，以实用为导向，在进行产品和应用服务创新时，往往不需要考虑全球通用的问题，不受"国际标准"的约束，具有很强的灵活性，因此，互联网产品应用具有"一点接入，服务全球"的特点，完全可以自行设计产品，还可以根据用户反响随时进行修改。与电信业相比，互联网行业在技术体系上的选择，不仅创造了产品和应用服务上的优势，而且对商业模式进行了创新，这在消费互联网的发展上已得到验证。但是，在面对产业互联网发展时，电信业和互联网行业的两种技术体系，也许需要融合或协同，才能提供更好的产品和应用服务。

关于我国信息通信业发展的基本思考如图 6-7 所示。

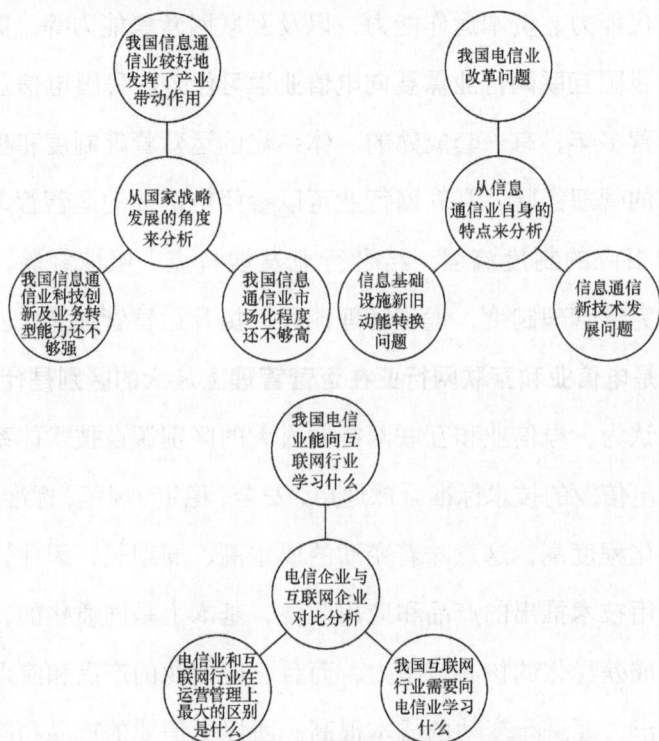

图 6-7　关于我国信息通信业发展的基本思考

后记

本书从资料搜集到整理分析、撰写、修改历时 5 年多，参阅了较多相关行业专著、专家论述和历史资料，引用了大量的专业分析报告、统计报告、白皮书及互联网上的相关内容。

本书主要参考书籍有：《5G+：5G 如何改变社会》《通信4.0：重新发明通信网》《云网融合：算力时代的数字信息基础设施》《从 1G 到 5G：移动通信如何改变世界》《科技之巅2》《科技之巅3》及《中国通信年鉴》（2009 年至 2021 年各卷）。

本书引用数据和内容的主要有：《中国信息通信业发展分析报告》（2009—2018 年）；《中国互联网络发展状况统计报告》（第 20—第 50 次）；《互联网趋势报告》（2011—2019年）；《移动互联网白皮书》（2014—2017 年）；《云计算白皮书》（2014—2020 年）；《中国宽带发展白皮书》（2018—2020 年）；《腾讯 2017 年报告：中国互联网未来 5 年趋势白皮书》。

本书参阅互联网上的内容主要有：新浪网科技频道 2008—

信息通信业的数字化发展之路

2021 年有关电信报道；新浪网科技频道 2013—2022 年创事记栏目相关内容；通信产业网 2018—2021 年相关报道；钛媒体刊载的电信史鉴的相关内容。

本书在撰写过程中，得到中国电信多位领导和同事的指导和帮助，特别是原中国电信总经理李正茂先生，他多次提出修改建议。

在此，我对本书所引用的行业专著、专业分析报告、统计报告、白皮书及互联网上的相关内容的作者，以及指导、帮助过本书撰写的领导和同事一并致谢！

李祖鹏

2023 年 1 月